严寒地区高速铁路CRTS Ⅰ型无砟轨道板制造

张先军　编著

中国铁道出版社

2012年·北京

图书在版编目(CIP)数据

严寒地区高速铁路 CRTS Ⅰ型无砟轨道板制造/张先军编著. —北京:中国铁道出版社,2012.5

ISBN 978-7-113-14654-2

Ⅰ.①严… Ⅱ.①张… Ⅲ.①高速铁路-无碴轨道-板式轨道-制造 Ⅳ.①U213.4

中国版本图书馆 CIP 数据核字(2012)第 084944 号

书　　名:**严寒地区高速铁路 CRTS Ⅰ型无砟轨道板制造**

作　　者:张先军

责任编辑:曹艳芳　　**编辑部电话**:010-51873017　　**电子信箱**:chengcheng0322@163.com

封面设计:郑春鹏

责任校对:张玉华

责任印制:郭向伟

出版发行:中国铁道出版社(100054,北京市西城区右安门西街 8 号)

网　　址:http://www.tdpress.com

印　　刷:北京精彩雅恒印刷有限公司

版　　次:2012 年 5 月第 1 版　2012 年 5 月第 1 次印刷

开　　本:787mm×960mm　1/16　印张:7.75　插页:1　字数:150 千

书　　号:ISBN 978-7-113-14654-2

定　　价:29.00 元

作 者 简 介

张先军，男，1971年出生于山西晋城，博士，高级工程师，现任哈大客专公司工程管理部副部长。1996年毕业于石家庄铁道学院铁道工程专业，2005年获得兰州大学工学博士学位，2009年12月获得铁道部火车头奖章，2010年4月，参加的《青藏铁路沿线典型冻土场地地震动特征及其震害研究》获甘肃省科学技术进步二等奖，2011年获得第20届茅以升科学技术奖——铁道工程师奖。工作期间，取得了全国注册造价工程师、注册监理工程师、注册安全工程师、注册一级建造工程师、投资建设项目管理师执业资格。在哈大客专工作期间，主持编写了哈大客专各专业《质量控制手册》，并在全线印发，推广使用；主持或参加了哈大多个项目的科研工作，攻克了严寒地区无砟轨道施工多项施工技术难题，工作期间发表技术论文10余篇。

前言

根据我国铁路的《中长期铁路网规划》，到2020年，全国铁路营业里程要达到12万km以上，其中建设包括“四纵四横”客运专线及人口稠密地区城际客运系统的里程将达到1.6万km以上。

轨道结构是高速铁路系统的重要组成部分，高速铁路轨道结构从总体上可分为有砟轨道和无砟轨道两种类型，与有砟轨道线路相比，无砟轨道线路具有平顺性高、稳定性好、使用寿命长、轨道几何形位能持久保持、线路养修工作量显著减少，对运营干扰小等突出的技术特点，随着无砟轨道技术的逐渐成熟，目前已成为世界高速铁路轨道结构的发展方向，我国速度目标值达到250 km/h及以上的高速铁路或客运专线多采用无砟轨道。

我国经过近50年的无砟轨道的理论研究、室内模型试验、桥上和隧道内试验段铺设，取得了一系列的研究成果。通过实践，针对不同的工程条件和环境条件，我国研发了不同类型的无砟轨道系统（CRTSⅠ型板式、CRTSⅡ型板式、CRTSⅠ型双块式和岔区无砟轨道），确定了不同结构物上（路基、桥梁、隧道、道岔区）的无砟轨道标准设计断面及技术要求，为进一步发展无砟轨道技术打下了坚实的基础。

CRTSⅠ型板式无砟轨道系统是我国在日本板式无砟轨道的基础上通过引进、消化吸收和创新形成具有自主知识产权的新型高速铁路系统，在经过秦沈客专和遂渝线无砟轨道的实车验证后，2005年6月，CRTSⅠ型板式无砟轨道系统率先开始在新建的武广高铁部分路段修建，此后该系统先后应用于广深、京沪、沪宁、成灌等多条客运专线高速铁路。

近年来尽管我国先后在数条客运专线铺设了无砟轨道，积累了一些经验，但针对严寒地区的无砟轨道缺乏系统全面的研究。哈大高铁所经地区最冷月平均气温多在－10℃以下，极端最低气温达到－39.9 ℃，在东北严寒地区采用CRTS Ⅰ型板式无砟轨道板尚属首次，无成功的经验可供借鉴。为了确定哈大客专无砟轨道板的选型，2007年在铁道部相关部门的指导下，科研单位开始了严寒地区无砟轨道关键技术研究，针对东北严寒地区的环境特点，科研设计单位对无砟轨道板的结构及乳化沥青砂浆的技术指标等进行了创新优化设计，2008年1月，在哈尔滨铁路局滨绥线成高子车站铺设无砟轨道试验段，并进行实车试验验证，最终确定了严寒地区高速铁路无砟轨道板选型为CRTS Ⅰ 型板式无砟轨道，并在哈大客专全线铺设。

截至目前，哈大客专是国内采用CRTSⅠ型板式无砟轨道里程最长的高速铁路，也是我国在东北严寒地区首次铺设无砟轨道的线路。在无砟轨道建设过程中，无砟轨道板的制造质量关系着无砟轨道运营安全，随着我国客运专线高速铁路的陆续开工建设，针对不同的无砟轨道结构型式，工程界关于无砟轨道板预制场的规划布局、制造工艺及配套装备的研究也已经相继展开，取得了初步的成果，但对于CRTSⅠ型板式无砟轨道板制造还需要进一步的系统研究。尤其在东北严寒地区，存在气温低、温差大、冻融循环严重等特殊环境条件，对CRTSⅠ型无砟轨道板的提出了更高的质量要求，而国内严寒地区的轨道板制造的研究还处于探索阶段，有必要进行系统研究和总结。

本文分为四章，第一章介绍了无砟轨道国内外应用现状及严寒地区高速铁路无砟轨道板的选型设计；第二章对严寒地区CRTS Ⅰ型轨道板预制场规划设计进行了系统总结；第三章对轨道板的制造工艺及主要创新点进行阐述和归纳；第四章对成品轨道板的型式试验及出厂检验工作进行总结，并介绍了无砟轨道板平整度检测系统的使用情况；第五章从冬施准备、钢筋加工、混凝土生产、养护、预应力施工五个关键环节介绍了严寒地区CRTS Ⅰ型轨道板制造所应采取的冬季施工措施。

本书编写过程得到了铁道部工程管理中心，铁科院，哈大客专公司，铁一、三、五院，中国中铁、中交、中建总公司等单位的领导及技术人员的支持和帮助，在此一并表示感谢。

本书主要供从事CRTSⅠ型板式无砟轨道板制造工作的工程技术管理人员和作业人员使用和参考。

由于编者水平有限，书中难免有遗漏和错误，请使用者给予批评指正。

著者

2012年2月

目录

第一章 概述

《中长期铁路网规划》描绘了我国铁路发展的宏伟蓝图，到 2020 年，我国铁路营业总里程将达到 12 万 km 以上，其中建设包括“四纵四横”客运专线及人口稠密地区城际客运系统的里程将达到 1.6 万 km 以上。高速列车运行的安全性和舒适性，对轨道的平顺性、稳定性提出了更高的要求，也带来了我国线路设施方面技术路线的深刻变革。

轨道结构是高速铁路系统的重要组成部分，高速铁路轨道结构从总体上可分为两类，即：以碎石道床、轨枕为基础的有砟轨道和以钢筋混凝土或沥青混合料为基础的无砟轨道。与有砟轨道线路相比，无砟轨道线路具有平顺性高、稳定性好、使用寿命长、轨道几何形位能持久保持、线路养修工作量显著减少，对运营干扰小等突出的技术特点。因此，自 20 世纪 60 年代开始，世界各国开始研究使用无砟轨道，从室内试验，现场试铺到在高速铁路上的普遍推广，历经近 50 年时间，形成了具有各国特色的系列化、标准化产品。无砟轨道在铁道线路上的使用，从根本上改善列车走行的基础条件，满足了旅客列车平稳性、安全性、舒适性要求，并且大大缩短了维修时间，降低了维护成本。随着无砟轨道技术的逐渐成熟，目前已成为世界高速铁路轨道结构的发展方向，我国速度目标值达到每小时 250 km 及以上的高速铁路多采用无砟轨道。

第一节　无砟轨道国外应用现状

德国和日本是无砟轨道技术研究及应用最早的国家，也是目前无砟轨道技术发展比较成熟的国家。

德国自 1959 年开始研究、试铺无砟轨道。德国研究开发无砟轨道采用的体制是由德铁制定统一设计基本要求，由公司、企业自行研制开发。企业自主研发的无砟轨道在进入德铁路网之前，必须通过指定试验室的实尺模型激振试验及性能综合评估，并经 EBA(德铁技术检查团)认证、批准后，方有资格在铁路线上进行有线长度的试铺。试铺的无砟轨道要经过 5 年的运营考验并经 EBA 的审定，通过后方可正式使用。从 1959 年开始，首先在希尔塞德车站试铺了 3 种结构，随后又在雷达车站和奥尔德车站试铺了2种结构,1977年又在慕尼黑试验线试铺了6种。到1988年,德国共铺设无砟轨道36处,累积21.6 km。在此期间先后在土质路基、高架桥及隧道内试铺了各种混凝土道床的无砟轨道。

德国的无砟轨道技术经过不断改进、优化和完善,形成了德国铁路无砟轨道系列和比较成熟的技术规范及管理体系,研制了成套的施工机械设备和工程质量检测设备,为无砟轨道在德铁的推广应用创造了良好的条件。经过几十年的开发和研究,德国已经成功研发了雷达型、Bogl型、Zubin型、ATD型、Getrac型、BTD型、SATO型、FFYS型、Walter型、Heitkamp型等十几种无砟轨道结构形式。到2003年,德国铁路无砟轨道总铺设长度达到600多公里。

日本是发展无砟轨道较早的国家之一,从20世纪60年代中期开始进行板式无砟轨道的研究到目前大规模地推广应用,走过了40年的历程。日本研制发展无砟轨道采取有组织的统一研发推广模式,并且始终围绕各种类型的板式轨道展开。20世纪60年代中期,日本开始了板式无砟轨道结构系统的理论研究与试验。铁道综合技术研究所汇集轨道、土工、桥隧、材料以及化工等专业的研究人员组成系统攻关研究小组。在研究开发初期,研究小组针对不同的板式轨道方案进行了设计选型,并通过部件试验、实尺模型加载试验、设计修改、运营线试验段铺设,最终形成了日本板式轨道的系列产品。

日本板式轨道基本构成比较统一,但对于不同线路等级、不同自然条件、不同基础条件、不同车速和运营条件其构造与尺寸略有不同。板式轨道研发过程中,研究人员曾提出多种结构设计方案,如A型、M型、L型和RA型等。目前定型的板式轨道有普通A型、框架型及在特殊减振区段使用的减振G型等。

日本板式轨道的应用是从桥梁和隧道开始的,在既有线和新干线上先后共铺设了20多处近30 km的试验段。在土质路基上应用板式轨道同样经历了30多年的发展历程,开展了大量的室内外试验研究工作。1968年提出RA型板式轨道,并在铁道技术研究所进行性能试验。20世纪70年代,日本将板式轨道作为铁路建设的国家标准进行推广,板式轨道得到了广泛应用。20世纪90年代初,提出用混凝土道床代替沥青混凝土道床的结构方案,并用普通A型轨道板取代RA轨道扳,实现板式轨道结构型式的统一。目前,日本不仅在桥梁、隧道中铺设无砟轨道,而且在路基上也全面推广使用。为了适应东北、上越新干线的寒冷地区,又研制出双向预应力结构轨道板,后来为了节省投资,在标准A型轨道板的基础上,研制出框架式轨道板。另外,为解决新干线的噪声及振动问题,实现客运专线高速铁路发展与社会环保兼容的目的,经试验后,将减振G型板式轨道作为标准形式,规定在减震降噪区段铺设。

到目前为止,日本板式轨道累计铺设里程达到2 700多公里(其中新干线约1 600多公里),在规模发展的同时,日本还不断改进、完善结构设计参数和技术条件,最终将普通A型和框架型板式结构作为标准定型。框架型轨道板在混凝土和CA砂浆用量上较A型板少，可减少板的成本，也可减少日温差引起的板的翘曲。最初的A型和框架型板为普通钢筋混凝土结构，适用于温暖地区和隧道内，在东北、上越新干线等寒冷地区则采用双向预应力A型板。

目前，无砟轨道的优越性已经被世界许多建设高速铁路的国家和地区认可。韩国、印度、荷兰等国近年修建的高速铁路都采用了无砟轨道技术。

第二节 无砟轨道国内研究历程及应用

我国研究发展无砟轨道采用以政府主导、科研机构研发为主的模式。主要技术路线为：通过理论研究确定设计参数→进行实尺模型铺设和技术性能试验→完善设计参数→提出施工方案→试铺。我国对无砟轨道的研究始于20世纪60年代，与国外的研究几乎同步。

无砟轨道开发初期，在成昆线、京原线、京通线、南疆线等长度超过1 km的隧道内铺设支承块式整体道床，总铺设长度约300 km。

20世纪80年代曾试铺过由沥青混凝土铺装层与宽枕组成的沥青混凝土整体道床，全部铺设在大型客站和隧道内，总长约10 km。

1995年开始对弹性支承块式无砟轨道展开研究，并得到推广应用。1996年～1997年先后在陇海线白清隧道和安康线大瓢沟隧道铺设弹性支承块式无砟轨道试验段，在秦岭隧道一线、秦岭二线隧道正式推广使用，合计铺设36.8 km；以后又陆续在宁西线（西安—南京）、兰武复线、宜万线、湘渝线等隧道内及城市轨道中得到广泛应用，累计铺设弹性支承块式无砟轨道近200 km。

在国家科技攻关专题"高速铁路无砟轨道设计参数的研究"中，我国提出了适用于高速铁路桥隧结构上的长枕埋入式、弹性支承块式、板式3种无砟轨道结构型式及其设计参数；在铁道部科技开发计划项目"高速铁路高架桥上无砟轨道关键技术的试验研究"中，完成了以上3种无砟轨道实尺模型的铺设及各项性能指标试验，初步提出高架桥上无砟轨道的施工方案。1999年在秦沈客运专线沙河特大桥开始试铺长枕埋入式无砟轨道，在秦沈客运专线狗河特大桥直线和双河特大桥曲线上开始试铺板式无砟轨道，在赣龙线枫树排隧道也进行试铺验证。

我国经过近50年的无砟轨道的理论研究、室内模型试验、桥上和隧道内试验段铺设，取得了一系列的研究成果。通过实践，在无砟轨道的结构设计、施工方法、轨道基础技术等方面积累了宝贵的经验，为进一步发展无砟轨道技术打下了坚实的基础。目前，我国铁路无砟轨道系统的研究成果已全面投入到京津、武广、郑西、石太、京沪、京广、哈大、石太等客运专线和沪宁、广深港、广珠等城际铁路的工程建设中，其中京津、武广、郑西、石太、沪宁、沪杭等客运专线或城际铁路已经顺利开通运营。

第三节　严寒地区高速铁路无砟轨道板的选型及设计

一、严寒地区高速铁路无砟轨道板选型

为了满足我国高速铁路的建设需要，尽快形成具有我国自主知识产权、世界一流水平的高速铁路无砟轨道技术体系，近年来我国铁路在前期研究成果和消化吸收国外高速铁路无砟轨道引进技术的基础上，针对我国国情、路情和技术难题，铁道部组织开展了无砟轨道系统研究，取得了一系列的研究成果。

为全面验证无砟轨道的研究成果，研发适合我国国情的具有自主知识产权的无砟轨道技术，2004 年，我国开始首先在设计速度为 200 km/h 的遂渝线建立无砟轨道综合试验段，该试验段位于重庆枢纽遂渝引入工程的桐子林隧道出口 DK125＋676～蒋家桥大桥遂宁端 DK138＋893，正线全长 13.157 km，试验段内有车站 1 座，桥梁 3 座711 m，涵洞 22 座，隧道 4 座 7 048 m，路基 5 398 m。针对不同线下基础、不同轨道结构形式开展了试验，在试验段铺设了双块式无砟轨道、岔区轨枕埋入式无砟轨道、平板形板式轨道、框架形板式轨道及纵连板式无砟轨道等多种型式的无砟轨道结构。2005 年，为了进一步实践验证无砟轨道的研究成果，解决成区段铺设无砟轨道的技术难题，在遂渝线实车验证取得的成果基础上，我国又开始在武广客运专线建立无砟轨道综合试验段，试验段起自武汉江夏区，终点至咸宁市咸安区，为双线高速铁路，途经新乌龙泉站、新咸宁站两个车站，正线全长 63.124 km。试验段内铺设了双块式、CRTS Ⅰ型、CRTS Ⅱ型等类型的无砟轨道，通过试验段实车验证和不同类型的无砟轨道的比对试验，我国研发了单元板式、纵连板式、双块式及岔区轨枕埋入式无砟轨道，为确定适合我国国情的无砟轨道结构形式提供了依据，其设计、制造、施工技术及配套装备，为大规模无砟轨道施工进行了探索，提供了经验，为我国高速铁路工程建设提供了有力的技术支撑。总之，近年来我国无砟轨道通过无砟轨道技术的研究和再创新，取得了一大批创新成果，可归纳为以下几个方面：

1. 构建了具有我国自主知识产权的高速铁路无砟轨道设计理论体系，确定了结构设计理论和设计方法。

2. 基于设计理论体系，针对不同的工程条件和环境条件，研发了不同类型的无砟轨道系统（CRTS Ⅰ型板式、CRTS Ⅱ型板式、CRTS Ⅰ型双块式和岔区无砟轨道），确定了不同结构物上（路基、桥梁、隧道、道岔区）的无砟轨道标准设计断面及技术要求；明确了无砟轨道与线下基础工程的相关接口。

3. 研究解决了无砟轨道与站后工程的接口技术难题，提出了无砟轨道绝缘处理措施和范围，无砟轨道综合接地设计措施等。

4. 自主研发了适合我国国情的无砟轨道工程材料（乳化沥青水泥砂浆、树脂、支承层、路基面防水层材料等），在原材料选择、配合比设计和室内性能试验的基础上，进行

了设备和工艺现场放大试验，并通过试验段和客运专线工程应用，效果良好，从工程材料上保证了无砟轨道结构的耐久性。

5. 自主研发了无砟轨道制造和施工成套装备，包括：无砟轨道精调设备、水泥乳化沥青搅拌设备、混凝土轨道板和双块式轨枕制造设备等，并相继投入到我国客运专线的工程建设中。

6. 建立了我国客运专线铁路工程测量技术体系，提出了“三网合一”（用于勘测、施工、运营维护的平面和高程测量控制网）的测量控制思路，为客运专线铁路的高平顺性提供了技术保障。

7. 在创新成果的基础上，研究制订了客运专线无砟轨道设计、制造、施工、验收和维修等方面的十多项技术标准，编制了客运专线铁路无砟轨道设计通用图，并正式颁布。

随着我国高速铁路的规模化建设，我国铁路无砟轨道系统技术的创新成果已全面投入到京津、武广、郑西、石太、京沪、京广、哈大、石太等客运专线和沪宁、广深港、广珠等城际铁路的工程建设中，其中京津、武广、郑西、石太、沪宁、沪杭等客运专线或城际铁路已经顺利开通运营，实践证明在高速运行条件下，我国的无砟轨道线路平稳、安全、舒适性好，各项满足设计要求。

尽管近年来我国无砟轨道研究取得了丰硕的成果，但是对于严寒地区客运专线的无砟轨道，缺乏全面系统的研究，仅仅在秦沈客专狗河特大桥等处铺设了极小的段落，而且哈大客专的气候严寒程度远远甚于秦沈客专。资料显示，哈大高铁所经地区最冷月平均气温多在－10 ℃以下，极端最低气温达到－39.9 ℃，如此严寒地区铺设无砟轨道，在世界上尚属首次，无成功的经验可供借鉴。虽然日本纬度与我国东北大连营口地区基本一致，但其大部分地区属于温带海洋性季风气候，目前已修建无砟轨道的地区最冷月平均气温在－8 ℃以上，极端最低气温在－20 ℃以上，气候条件较哈大高铁条件要好得多。因此，深入研究轨道关键材料、部件、结构对严寒地区气候条件的适应性、耐久性，对于我国修建世界上第一条严寒地区铺设无砟轨道的高速铁路来说，是十分必要和迫切的。

为了确定哈大客专无砟轨道板的选型，2007 年初，在铁道部科技司、工管中心的指导下，铁一院等科研院校开展了题目为“严寒地区无砟轨道关键技术研究”科研项目，对严寒地区无砟轨道的结构选型和设计、关键技术等进行深入研究。为了验证严寒地区无砟轨道的结构选型和设计、关键施工技术等方面的研究成果，2008 年 1 月，我国开始在哈尔滨铁路局滨绥线成高子车站铺设无砟轨道试验段，进行实车试验验证。在实车验证的基础上，经部内外专家多次论证，最终确定严寒地区高速铁路无砟轨道板选型为 CRTS Ⅰ型板式无砟轨道，并在哈大客专全线铺设。

二、严寒地区高速铁路 CRTS Ⅰ型无砟轨道板的创新优化

“严寒地区无砟轨道关键技术研究”的再创新攻关组针对严寒地区的环境特征，对

CRTS Ⅰ型无砟轨道板的结构、CA 砂浆的配方等方面进行了创新优化设计，其中在严寒地区 CRTS Ⅰ型无砟轨道板的结构方面的优化主要表现为以下两个方面：

(一)轨道板厚度优化

根据梁-板-板理论计算结果，轨道板厚度同轨道板应力的关系如图 1-1 所示。轨道板厚度在 15～25 cm 范围内，随着厚度的增加，列车荷载作用下其纵横向应力均呈明显下降趋势，板体应力与轨道板厚度的关系如图 1-1 所示。

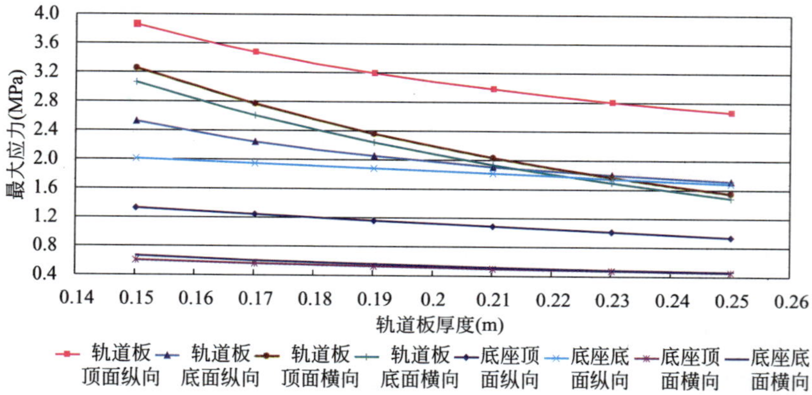

图 1-1　荷载作用下普通板式轨道结构应力与板厚的关系趋势图

根据温度翘曲应力计算公式分析温度变化对轨道板翘曲的影响，轨道板的厚度对轨道板的温度应力无影响，且在相同的温差条件下，增加板厚相当于减小了温度梯度，对减小板的翘曲变形是有利的。

从耐久性角度考虑，板厚由 190 mm 增加至 200 mm，混凝土保护层厚度由 30 mm 增加至 35 mm，有利于严寒地区混凝土耐久性。

(二)设置高 20 mm 的承轨台

针对严寒地区特点，考虑在板上扣件支点位置增设 20 mm 厚的承轨台。设置承轨台可使冰雪融化后迅速排走，避免长时间冻结对扣件系统性能和耐久性的影响；对于施工时钢轨焊接及运营维修抬轨有利，且有利于轨道电路绝缘和道床漏泄电阻的提升；另外，模板加工精度由整体板面控制缩小到小范围承轨台精度控制，有利于模板精加工控制。缺点是轨道板模具成本有所增加。

从工厂的制造来说，承轨台的设置对于钢模的制造加工带来一定难处，钢模的使用寿命也会带来一定的影响，并会增加一定的制造成本；承台的设置会增加板式无砟轨道的结构高度。

CRTS Ⅰ型轨道板结构如图 1-2 所示。

图 1-2　CRTS Ⅰ型轨道板结构示意图

三、哈大客专 CRTS Ⅰ 型无砟轨道板设计概况

(一)设计依据

1. 关于印发"严寒地区无砟轨道结构选型、试验段建设方案审查意见"的通知(科技基〔2008〕35 号)。

2. 关于哈大客运专线无砟轨道结构型式的复函(工管技〔2008〕128 号)。

3.《CRTS Ⅰ型板式无砟轨道时速 300～350 公里客运专线铁路》(通线(2008)2301 第二册 轨道板)。

4.《客运专线铁路 CRTS Ⅰ型板式无砟轨道混凝土轨道板暂行技术条件》(科技基〔2008〕74 号)。

5.《铁路桥涵钢筋混凝土和预应力混凝土结构设计规范》(TB 10002.3—2005)。

6.《客运专线高性能混凝土暂行技术条件》(科技基〔2005〕101 号)。

7.《铁路混凝土工程施工质量验收补充标准》(铁建设〔2005〕160 号)。

(二)适用范围

适用于哈大客运专线设计行车速度为 300～350km/h 的标准轨距铁路 CRTSⅠ型板式无砟轨道结构设计。

(三)轨道板类型

哈大客专共设计含 P4962、P3685、P4856、P4856A、P4962A 五种 CRTS Ⅰ型标准轨道板,其中路基、隧道地段主要采用 P4962,32m 梁上采用 P3685＋5 块 P4962＋P3685,24m 梁上采用 P4856A＋3 块 P4856＋P4856A,无砟～有砟过渡段采用 P4962A。异型板需特殊设计。

(四)结构特点

1. 轨道板采用双向后张法部分预应力混凝土结构。

2. 轨道板配套采用 WJ-7B 型扣件。

3. 设计考虑轨道板的耐久性。

4. 满足谐振式轨道电路的相关要求。

5. 满足客运专线综合接地系统的相关要求。

(五)原材料规格和技术要求

1. 轨道板混凝土强度等级为 C60 级;其性能应满足《客运专线高性能混凝土暂行技术条件》(科技基〔2005〕101 号)的要求。

2. 锚具封端应采用砂浆封锚,其性能指标及施工工艺应符合《客运专线铁路 CRTS Ⅰ型板式无砟轨道混凝土轨道板暂行技术条件》(科技基〔2008〕74 号)的要求。

3. 预应力张拉体系:

(1)预应力体系由护套包裹的无黏结预应力钢棒、锚固螺母、锚垫板及螺旋筋四部

分组成，为保证其整体性能，预应力体系应配套提供。

（2）预应力筋采用低松弛无黏结预应力钢棒，公称直径 13 mm，钢棒表面不得有划伤或其他瑕疵；PC 钢棒抗拉强度≥1 420 MPa，屈服强度≥1 280 MPa，断裂延伸率≥7%；其他物理力学性能应符合《预应力混凝土用钢棒》(GB/T 5223.3)的相关要求。

（3）预应力筋端部螺纹采用滚轧成型，配套采用锚固螺母，预应力筋——锚固螺母组装件的静力、疲劳和周期荷载性能应符合《预应力筋用锚具、夹具和连接器》(GB/T 14370)的规定。钢棒端部螺纹中径 13 mm，螺距 1.5 mm，螺纹公差带采用 6H/6g 组合，其基本尺寸及公差等应满足普通螺纹系列标准的相关要求。

（4）预应力筋无黏结方式宜采用护套包裹，护套原材料应采用挤塑型高密度聚乙烯树脂，其性能应符合 GB 11116 的规定。预应力筋和护套间应涂敷防腐润滑脂，其用量和性能应符合 JG 3007 的规定；为避免预应力钢棒和护套之间残留空隙，使之在制造及使用过程中进入空气或水分，造成应力腐蚀，钢棒表面的护套制作应采用挤塑成型工艺，不得采用后穿入护套成型工艺。

（5）锚固螺母及锚垫板应采用 45 号优质碳素钢，锚固螺母应进行调质热处理。

4. 普通钢筋：

（1）采用 ϕ12 mm 的Ⅱ级热轧带肋钢筋，其性能符合《钢筋混凝土用热轧带肋钢筋》(GB 1499)的规定。

（2）纵向普通钢筋、箍筋和架立筋采用环氧树脂涂层钢筋，其性能应符合《环氧树脂涂层钢筋》(JG 3042)的规定。

（3）螺旋筋采用低碳冷拔钢丝，其性能应符合《一般用途低碳钢丝》(YB/T 5294)的规定。

（4）轨道板内预埋绝缘套管的性能应符合《WJ-7 型扣件零部件制造验收暂行技术条件》(科技基〔2007〕207 号)的要求。

第四节 哈大高速铁路无砟轨道工程概况

哈大客专贯穿东北三省，南起大连，终至哈尔滨，线路全长 904 km。所经地区冬季气温多在－10 ℃以下，极端最低气温达到－39.9 ℃，气候条件恶劣(沿线最冷月平均气温统计如图 1-3 所示)。全线无砟轨道铺设长度为 847 双线公里，其中除岔区铺设轨枕埋入式无砟轨道外，其余地段均铺设 CRTS Ⅰ型板式无砟轨道。

为确保哈大客专Ⅰ型轨道板生产质量及精度满足相关要求，哈大客专公司以“标准化、工厂化、机械化、专业化、信息化”为手段，组织相关单位对轨道板制造过程中的钢筋加工、预应力张拉、蒸汽养护等五道关键工序进行研究和工艺创新，并进行了全线推广。

根据施工组织安排，全线设共设置了 16 个轨道板预制厂，预制无砟轨道板 354 094 块。

CRTS Ⅰ型板式无砟轨道预应力混凝土轨道板结构类型为无砟轨道预应力混凝土

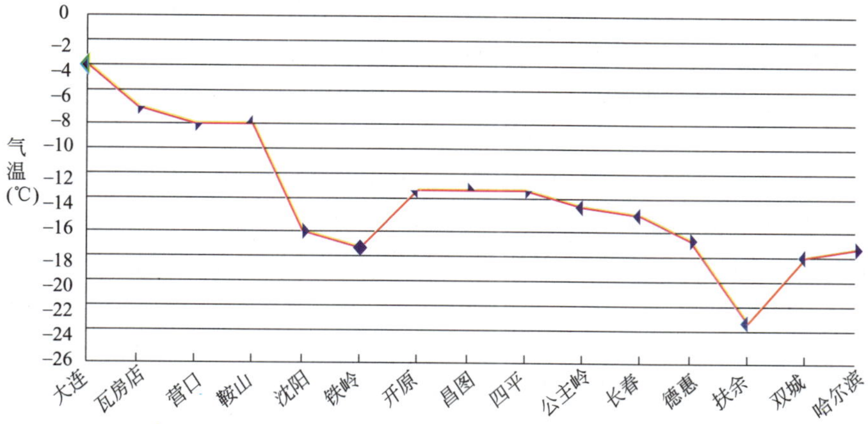

图 1-3 沿线最冷月平均气温统计图

平板，轨道板有 P4962×2400×200、P4962B×2400×200、P4962C×2400×200、P4856×2400×200、P4856A×2400×200、P4856B×2400×200、P4652×2400×200、P3685×

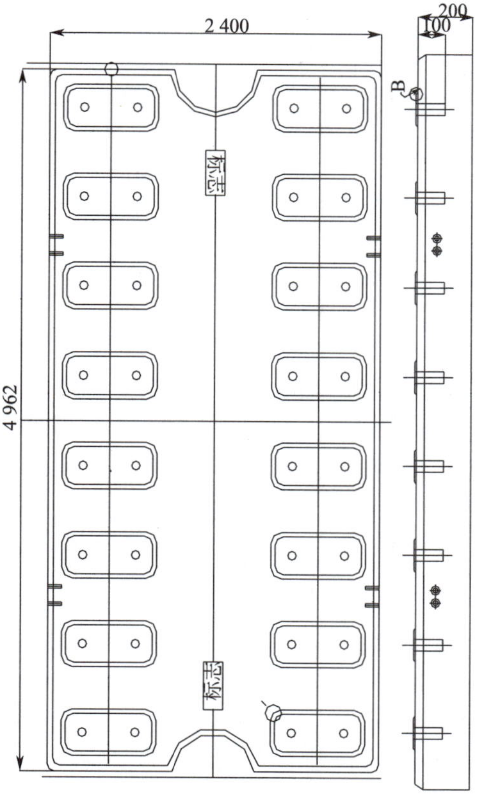

图 1-4 P4962 轨道板概图(单位:mm)

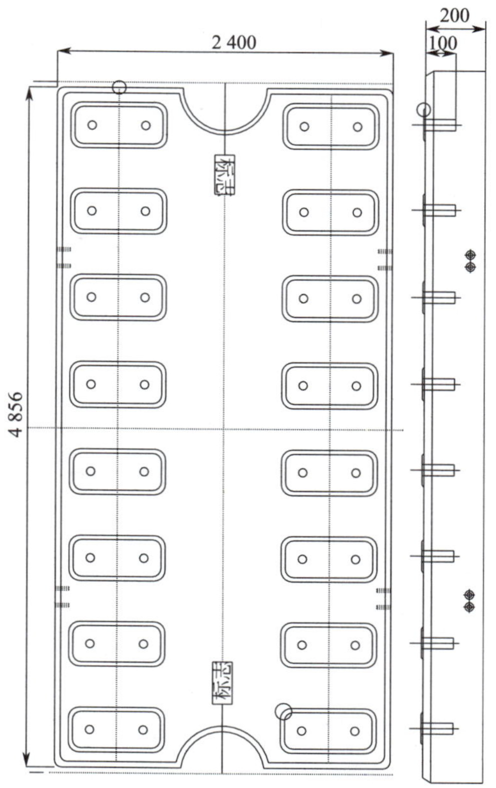

图 1-5 P4856 轨道板概图(单位:mm)

2400×200、P3685A×2400×200九种类型。各类型具体布置情况为：

路基地段主要采用P4962、P4962C、P3685、P3685A；

32 m梁上单线轨道板布置为P3685＋5块P4962＋P3685；

24 m梁上单线轨道板布置为P4856A＋3块P4856＋P4856A；

20 m梁上单线轨道板布置为P3685＋P3685A＋2P4652＋P3685；(16＋20＋16)m连续梁上单线轨道板布置为P4856A＋4P4856＋P3685A＋4P4856＋P4856A；

(16＋24＋16)m连续梁上单线轨道板布置为P4856A＋3P4856＋6P3685A＋2P4856＋P4856A；

(32＋48＋32)m连续梁上单线轨道板布置为P4856A＋21P4856＋P4856A；

(40＋56＋40)m连续梁上轨道板布置为P4856B＋34P3685A＋P4856B；

(40＋64＋40)m连续梁上单线轨道板布置为P4962B＋6P4962＋20P3685A＋6P4962＋P4962B；

(60＋100＋60)m连续梁上单线轨道板布置为P4962B＋42P4962＋P4962B。P4962、P4856、P3685轨道板概图如图1-4、图1-5、图1-6所示。

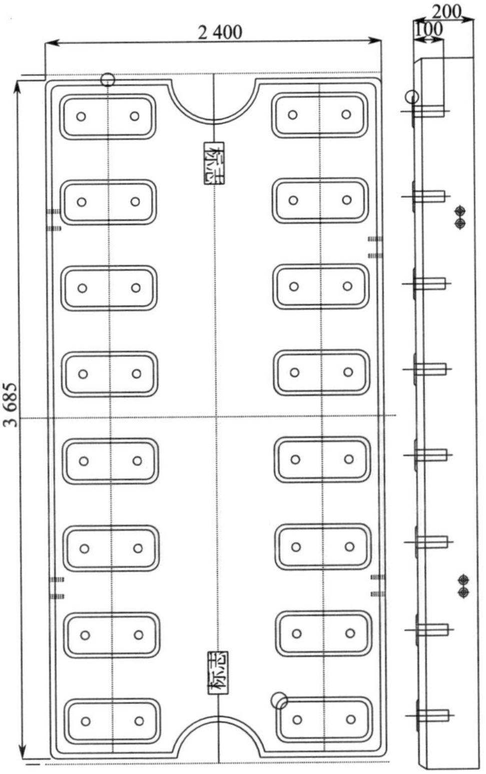

图1-6　P3685轨道板概图(单位：mm)

第二章

严寒地区 CRTS Ⅰ型轨道板预制场规划设计

第一节　概　　述

CRTS Ⅰ型轨道板预制场规划设计可分为整体规划阶段设计和施工规划阶段设计：整体规划设计阶段主要包含预制场选址、关键参数确定、主要装备配置、钢筋加工区、轨道板生产区、轨道板存放区平面布置等工作内容；施工规划阶段设计主要进行拌和站、供水、供电、供热、供蒸、试验室、办公区和生活区等保障系统的规划、土建结构物设计和人力资源配置等。

(一)预制场规划设计总体原则

CRTS Ⅰ型轨道板预制场规划设计总体原则：预制场规划设计应结合轨道板施工进度、轨道板施工组织流程及施工场地自然条件来进行，全面贯彻和落实国家有关土地利用政策，坚持因地制宜、合理布局、安全适用，技术先进，经济合理的原则，充分吸收国内外的先进技术和经验，统筹规划设计，满足生产、运输、防洪、安全、卫生、环境保护和节能等方面的需要，以达到“制板速度快、质量高和建场费用低”之目的。

预制场规划设计时主要考虑以下几个方面：

1. 综合费用

预制场规划设计应综合考虑费用成本，轨道板生产的综合费用包括建厂费用、生产费用和运输费用三部分内容，也可从不变成本、可变成本角度考虑。建厂费用主要取决于占地面积、生产规模和设备的选型配置数量等。生产费用主要取决于轨道板生产数量，运输费用指从预制场运到铺板现场的临时存板场的费用，很明显供应半径越大，运输费用越高。根据哈大客专 7 号、8 号、9 号三个预制场(轨道板日产量为 64～70 块，供应范围为 50 双线公里)的成本测算，单个预制场的土建成本(不包含设备投入)约为 1300～1500 万元，轨道板平均运输成本 150 元/块左右。

2. 工期

预制场建设工期(包括试生产和上道审查)不宜超过 6 个月；生产和铺设工期宜为 8～12 个月，生产工期和铺设工期宜相等，生产工期和铺设工期相差时间不宜超过 2 个月，本章规划设计按生产工期和铺设工期均为 12 个月考虑。

3. 施工进度安排

轨道板预制厂作为无砟轨道工程的一个分项工程，主要任务就是为无砟轨道施工提供轨道板，按照无砟轨道工程特点、工期要求、场地条件及运输条件，合理安排预制厂的生产计划，满足无砟轨道铺设施工的进度要求。

4. 施工效率

根据轨道板的生产要求，综合考虑各个工序之间的生产顺序，合理安排各个施工区布置，确保资源配置合理、工序流水作业高效，达到施工高效的目的。

5. 场内运输距离

场内施工所用的各种物料包括粗细骨料、钢筋、预应力钢棒、混凝土及轨道板等，在场地运输应以运输距离最小为目标，尽量减少二次搬运，确保物流顺畅。

6. 安全因素

预制场选择首先应考虑防洪、排涝和防凌要求；厂房基础应稳固可靠，钢结构设计安装应能确保厂房整体稳定；桁吊等起重设备应选型合理，安装牢固；电力线路应布置合理，变压器应配置合理、防护到位，用电设备应良好接地，确保施工安全。

（二）预制场基本组成

预制场由钢筋加工区、轨道板预制生产区、轨道板存放区、保障系统、办公区和生活区等组成。

钢筋加工区：主要实现Ⅰ型无砟轨道板钢筋骨架的加工功能，钢筋加工区又细分为钢筋原材料存放区、全自动钢筋剪切和弯曲区、钢筋焊接区、钢筋半成品存放区、钢筋骨架绑扎区、钢筋骨架存放区等。

轨道板预制生产区：主要实现无砟轨道板混凝土浇筑、养护、张拉、封锚、养护等功能，制板区主要包含混凝土浇筑区、翻板检查区、张拉封锚区、水养区等。

轨道板存放区：主要实现预制场轨道板的存储等功能。

保障系统：主要实现预制场各种材料、物资、电力、水、蒸汽等的保障和供给功能；保障区主要由通道、混凝土拌和站、工程试验室、仓库（配件房）、变电设施、锅炉房、水站、污水处理设施等组成。

办公区和生活区：主要实现为场区工作人员提供生活办公场所功能；办公生活区一般具有自己独立的水电保障体系。

（三）建场设计流程

根据 CRTS Ⅰ型轨道板工程量及工期安排，综合考虑 CRTS Ⅰ型轨道板预制场的生产规模，确定轨道板预制场的生产效率，计算生产台座的数量，并进行工装设备的选型及配置；同时结合生产台座的数量确定钢筋加工车间、混凝土搅拌站等其他配套设施的生产率等相关技术参数。

CRTS Ⅰ型轨道板预制场的生产率和各功能区相关配套参数确定后，进行预制场总体平面布置，根据地形的具体情况，安排布置各功能区位置，进行场内道路及各功能区联络线的布置。

各功能区位置确定后，进行水、电、气及供热等系统参数确定及保障系统的设计。

根据总平面布置图，参考相关地质资料，针对不同功能区对地基处理的要求，进行地勘点布置，根据地勘点布置图进行地质勘察，明确地质条件，为地基处理和基础设计做好准备。根据地质勘探结果，进行各功能区相关基础的地基处理、基础设计。

根据确定的总体规划设计、平面布置设计、保障系统设计、地基处理设计和基础设计，进行预制场建设。

（四）机械设备选型和配置

无砟轨道板生产主要机械设备有：钢筋成套设备、混凝土拌和站成套设备、混凝土运输和浇筑设备、吊装设备、预应力成套设备、振动控制设备、温度控制设备、场内成品和半成品运输设备、粗细骨料清洗设备等。

钢筋原材料的剪切和弯曲采用钢筋数控加工成套设备，钢筋胎具数量配置以工期计算出的轨道板模型数量为依据，一般每 8～12 个模型配置一个预扎胎具，每 3～4 个预扎胎具配置焊接胎具 1 座。

混凝土拌和站按每天开盘次数计算采用，一般每日混凝土供应量为 200 m^3 左右，宜采用较小拌和量的设备，因坍落度较小，宜采用带附着式振捣器的料斗运输。

吊装设备宜以动作较快的桁车为主，存板区宜设门式吊车，一般尽量不使用成本较高的汽车吊作为吊装工具。

预应力成套设备按每天生产轨道板量配置，一般以 10 块板配置一套普通张拉设备和一套封锚设备，或每 30～40 块轨道板配备一套（一拖四）自动张拉系统。

振动控制设备和温度控制设备宜采用集中控制方式，特别是温度控制宜采用电脑自动控制方式，以便精确控制和记录。

场内成品和半成品运输设备以小车为首选设备，场内尽量少采用费用较高的汽车运输。

粗、细骨料清洗设备：为了保证轨道板混凝土的耐久性，用于轨道板混凝土工程的粗、细骨料必须进行冲洗。细骨料一般采用螺旋式洗砂机进行清洗，配以平板式输送机、料斗，组装成成套洗沙设备，日产量应不低于搅拌站每天所需细骨料数量；粗骨料一般采用筒式洗石机或在震动塞上用高压水冲洗（水压大于 0.2 MPa），配以平板式输送机、料斗，组装成成套洗石设备，日产量应不低于搅拌站每天所需粗骨料数量；砂石料冲洗需建立水回收利用和废水系统，废水不得随意排放。

第二节　预制场整体规划设计

一、整体规划原则及步骤

CRTS Ⅰ型轨道板预制场整体规划应贯彻坚持因地制宜、合理布局、节约用地的原则。

预制场的整体规划应结合所在区域的工程经济、技术、自然条件等进行编制，满足生产、运输、防洪、安全、卫生、环境保护、节能和职工生活设施的需要。同时，还应考虑本单位工程实际、工程装备拥有状况、工程经验等因素，进行多方案技术经济比较，选择经济可行，技术合理的最优方案。

CRTS Ⅰ型轨道板预制场整体规划设计步骤可按预制场选址→关键参数确定→机械设备选型→平面布置的顺序进行，在进行分步规划时，这些步骤需互相交叉进行并及时进行调整，以达到预制场整体规划经济技术最优。

二、预制场选址原则

CRTS Ⅰ型轨道板预制场选址应考虑以下主要原则进行选址和设置：

预制场的位置应从全线角度考虑设置，统筹安排。

预制场应选在拟供应范围的中点附近，挑选平坦开阔的地段。

预制场宜选在占用耕地少、拆迁量少以及工程完工后容易复垦的地区。

预制场规划尽可能永临结合，充分利用废弃厂矿、预制构件场和铁路永久用地等区域；

预制场拌和站应优先考虑利用线下工程已经设置钻孔桩基础、梁场、预制构件场的拌和站。

预制场尽可能交通方便地区，位置应与既有公路或施工便道相连，以利于大型设备和材料进场；

预制场应选择地质状况较好、地基处理工程量小的区域，同时应考虑防洪、排涝和防凌要求，以确保施工安全。

预制场的选址应结合技术、经济、工期等各方面因素综合考虑并进行多方案的经济技术比较后，择优确定。

三、关键参数选定

生产时间：根据建设单位对制板铺板的工期安排确定，经调查多数预制场生产时间为 12 个月左右。

供应半径：一般经验认为无砟轨道预制场经济合理的供应半径一般控制在双线 15～50 km 内（即供应范围为双线 30～100 km）。

制板周期：生产时间按 18 h 计算，考虑检修、保养等因素，规划台座（模型）占用时间按 20～24 h 考虑，单台座（模型）单日生产Ⅰ型轨道板按 1.0～1.2 片计算，每月按 25 个工作（生产）日计，每台座（模型）生产轨道板为 25～30 片/月，本章按每台座（模型）生产 25 片/月考虑。

存板时间：预制场内存储数量按 1～3 个月连续生产考虑，最长存储时间不超过 3 个月，超出场内存放能时考虑利用沿线路场地设置临时存放场存放。

存板方式：采用汽车式起重机吊运轨道板，存板区通道宽度按 6 m 考虑，单件竖直存放，相邻间隔可取 5 cm。

原材料存储及骨料清洗：粗骨料、细骨料、钢筋等主要原材按存储 15 d 考虑，同时应考虑设置粗细骨料的清洗场地。

轨道板水养时间按 3～4 d 考虑。

轨道板钢筋绑扎工序用时按 1.7 h 计算，按 2 个台班考虑；张拉工序用时按 2 h、封锚工序用时按 0.5 h 计算，张拉台班按 1 个台班考虑，张拉封锚台位叠放 4 层轨道板。

四、预制场数量及生产规模的确定

影响轨道板预制场数量决策的主要因素有以下两个方面：①综合成本；②项目风险。

预制场规划设计应综合考虑费用成本，从整个项目全局来看，轨道板生产的综合费用包括建厂费用、生产费用和运输费用三部分内容，也可从不变成本、可变成本角度考虑。建厂费用主要取决于占地面积、生产规模和设备的选型配置数量等因素。很明显，预制场设置数量越少，建场成本越低，相应的运输成本则越高。因此在全线制板总量一定的情况下，通过合理确定供应半径或轨道预制场数量，可以使得制运综合成本最小化。根据哈大哈大客专 7 号、8 号、9 号三个预制场（轨道板日产量为 64～70 块）的成本测算，单个预制场的土建成本（不包含设备投入）约为 1 300～1 500 万元，轨道板平均运输成本 150 元/块左右。

在项目风险方面，轨道预制场数量的多少将直接关系到供板风险程度的高低，尤其在河湖广布、道路欠佳、交通得不到保障的区域，供板风险尤其需要重点考虑；此外，轨道板生产过程中，质量风险、安全风险、原料供应风险、气候条件、人为因素等都将对预制场生产效率产生影响，这也给供板能力增加了不确定性。因此增加预制场数量是降低供板风险的重要方法，多家预制场也有利于彼此学习，提高产品质量和生产效率，降低生产成本。

从上述分析中可以看出影响预制场数量确定的因素比较复杂，各类因素的影响权重在不同的工程中不尽相同，很多因素无法进行量化，形成统一的可以量化的数学公式不仅难度较大，其适用性也无法保证。一般经验认为无砟轨道预制场经济合理的供应半径一般控制在双线 15～50 km 内（即供应范围为双线 30～100 km）因此整个项目预制场个数可以按此原则进行确定，具体为：

$$n=\mathrm{int}\left(\frac{L}{30\sim100}\right)$$

式中 n——预制场个数；

int()——取整函数；

L——项目正线铺板长度，双线公里。

在预制场数量决策过程中，可以由上述公式得到预制场数量的意向范围，此后通过风险识别和评估，进一步核定预制场数量，将供板风险降低到合理范围内，在此基础上通过方案成本分析，可以得到一个较为合理预制场数量值。

在确定整个项目的预制场初步数量后，根据标段划分、自然地理条件及交通状况可进一步确定每个预制场的生产规模，即每个预制场的供应范围和轨道板生产数量。

哈大客专全线无砟轨道铺设长度为 847 双线公里，全线共设置了 16 个轨道板预制厂，预制无砟轨道板 354 094 块，预制场供应范围为 35～104 km，平均供应范围为 53 km，平均供应半径为 26.5 km。

五、轨道板生产区设备配置

在确定每个预制场的供应范围和轨道板生产数量后，开始进行轨道板生产区设备配备及平面布置，确定制板台座（模型）数量布置、张拉封锚台位数量及布置、水养池面积及布置、桁吊的套数等关键参数。

（一）制板台座（模型）数量及列数的确定

Ⅰ型无砟轨道板预制场制板台座（模型）数量取决于轨道板生产数量及生产进度要求、制板设备、制板工序、制板周期及制板效率等因素。

无砟轨道板因精度要求极高，生产模型应为刚度大的精加工件，要特别注意预埋件孔位的准确性、承轨台平整度和高差。考虑到轨道板生产一般在厂房内进行，不受雨季影响，计算模型量时可按每月每套模型生产 25～30 块生产量进行。如需冬季施工，冬季施工宜按每月每套生产 15～20 块板计算，按轨道板生产总量和工期要求计算所需模型数量。

轨道板预制场可按以下公式确定制板台座（模型）数量：

板台座（模型）数量：

$$M=2\times2\times1\ 000\times R\times k/(25\times L\times T)$$

式中 M——Ⅰ型无砟轨道板预制场制板台座（模型）数量，套；

R——Ⅰ型无砟轨道板预制场设计供应线路半径，km；

L——Ⅰ型无砟轨道板单块长度，m，按《通线（2008）2301》P4962 型轨道板取 5；

T——Ⅰ型无砟轨道板预制场生产工期，月；

k——备用系数，可取 1.0～1.2，保守估算可取 1.0；

常数——2×2 为双线双向；1 000 为千米与米的转换系数；每月按 25 个工作（生产）日计。

哈大客专大石桥 3 号预制场模板数量配备见表 2-1。

表 2-1 3 号预制场轨道板预制配备模板数量表

轨道板板型	P4962	P4856	P4856A	P3685
预制数量(块)	13 652	236	124	5 154
配套模板数量(套)	45	1	1	18

注:本工程的异型板包括 P4962B 型板、P4962C 型板、P4856B 型板、P4652 型板及 P3685A 型板等型号,考虑到预制场地及成本等因素,哈大铁路客运专线对承轨台间距与标准板不同异型板采取相对集中预制的方法进行预制,即 P4962B、P4856B 及 P4652 需集中到指定的预制厂预制;而 P4962C、P3685A 型板预制用模板由 P4962 及 P3685 型模板进行改装。

(二)制板台座列数计算

Ⅰ型无砟轨道板制板台座之间纵横向间隔可取为 2.5～3 m,横向布置不宜超过 3 排,制板台座列数可采用以下公式计算:

$$a_z = n/3$$

式中 a_z——预制场制板台座列数,列,向上取整;

n——预制场计划每天制板数量,块;

常数——每列制板台座布置 3 个制板台座。

(三)张拉封锚台位数量及布置

张拉每块板需 1 h,封锚每块板需 1 h。轨道板从脱模至入水时间控制 8 h 内(最多不超过 10 h),封锚 2 h 后才能吊入水养池,脱模时间 15 min、翻板检查 15 min,张拉设备配置数量应根据脱模、翻检、张拉、封锚、入水工艺流程时间表,以轨道板从脱模至入水时间控制 8 h 以内为目标进行确定。

以哈大客专开原 8 号板场为例,单条生产线共有模板 34 套,分成 12、12、10 三批,组织脱模、翻检、张拉、封锚、入水过程的流水施工,该流水作业总时长由张拉、封锚两工序决定。因此为了保证达到 8h 入水的目标,配置了 4 套普通张拉设备(后又引进了自动张拉设备),并且 4 块板同时组织封锚作业。

张拉封锚台位可以叠放不超过 4 层轨道板,一列里布置 3 个张拉封锚台座。张拉封锚台位列数计算可采用以下公式:

$$a_m = 2.5 \times n/(8 \times 4 \times 3)$$

式中 a_m——预制场张拉封锚台位列数,列,向上取整;

常数——单板张拉封锚时间按 2.5 h 考虑,1 班人工作,工作时间 8 h。张拉封锚台位可以叠放不超过 4 层轨道板,一列里布置 3 个张拉封锚台座。

(四)水养池长度及布置

轨道板张拉封锚完成后在水养池内养护 3 d 以上,因此水养池容积应根据每天生产轨道板数量进行确定,且至少应满足 4 d 以上最大产板数量。轨道板在水养池内垂直存放,水养池深度应根据轨道板宽度(2.4 m)进行确定,保证轨道板放入水池后能被水全部覆盖为原则,水养池底部还需设置轨道板存放台座。

哈大客专地处严寒地区，为了保证水养质量，轨道板水养池全部建于厂房内，冬季施工时要求在水养池内水养 4 d，厂房内存放 3 d 以上，才能进入存板区存放。因此预制场如考虑冬季施工，水养池面积应适当加大，水养池结构以保证周边土压力作用下，不发生变形和破坏为设计原则。

水养池长度：

$$L_s = n \times (h + t_c) + k_y$$

式中 L_s——单个水养池长度，m，向上取整；

n——预制场计划每天制板数量，块；

h——单块厚度，m，哈大客专 CRTS Ⅰ型板厚 0.2；

t_c——轨道板之间空隙，m，无资料时可取为 0.05；

k_y——预留空间，m，无资料时可取为 0.5。

（五）桁吊的套数

$$j_s = a_z/20 + n_f + n_y$$

式中 j_s——预制场轨道板生产区桁吊套数，套，向上取整；

a_z——板预制场制板台座个数，向上取整；

n_f——预制场张拉封锚区个数；

n_y——预制场水养区个数；

常数——单桁吊供应不超过 20 个台座。

六、钢筋加工区

钢筋加工区配置的主要设备有：桥式吊车、钢筋剪切及弯曲生产线、电焊机、绑扎胎具。钢筋加工区设备的配置原则是，钢筋下料、钢筋弯制、钢筋焊接和钢筋绑扎四个环节的生产效率应相互匹配，即下料效率满足弯制效率要求，弯制效率满足绑扎效率要求。

绑扎台座列数：

$$n_b = 1.7 \times n/(2 \times 8)$$

$$a_g = n_b/3$$

式中 n_b——预制场轨道板生产区钢筋绑扎台座数量，个，向上取整；

a_g——预制场轨道板生产区钢筋绑扎台座列数，列，向上取整；

n——预制场计划每天制板数量，块；

常数——单板绑扎时间按 1.7 h 考虑，每天 2 班人工作，每班工作 8 h，一列里布置 3 个绑扎台座。

钢筋骨架存放区长度：

$$L_g = 6 \times n/(6 \times 5)$$

式中 L_g——钢筋骨架存放区长度，m，向上取整；

常数——单列骨架宽度为 6 m,每个台位可以堆放 6 层,一列骨架可以布置 5 个存放台位。

七、轨道板存放区面积

$$A_s = T \times n \times t \times (h+c) \times (L+b/2) \times k$$

式中 A_s——预制场存板区域占地面积,m^2;

T——预制场存板周期,月;

n——预制场计划每天制板数量,块;

t——每月实际工作天数,d,无资料时可取 25;

h——Ⅰ型板单块厚度,m,按《通线(2008)2301》取 0.19,哈大客专 CRTS Ⅰ型板取 0.2;

c——Ⅰ型板之间垫块厚度,m,无资料时可取为 0.05;

L——Ⅰ型板单块长度,m,按《通线(2008)2301》取 5;

b——预制场存板区内通道宽度,m,当采用汽车吊运时,通道宽度不宜小于 6 m;

k——备用系数,可取 1.0～1.2。

预制场存板区域占地面积按照限定工程技术条件计算确定,实际工程还应考虑场内运板方式、采用机械等其他因素,根据工程实际情况合理确定存板区域面积。

预制场平面布置原则

1. 预制场平面布置原则

轨道板生产区是整个预制场的核心,其他所有区域的布置都必须以满足轨道板生产的要求为原则。根据生产任务和工期要求,确定台座数量,合理布置生产线。轨道板生产区应以制板台座布置为核心,其他区域及设施的布置应围绕制板台座进行。

预制场的钢筋加工区、轨道板预制生产区、轨道板存放区、保障系统、办公区和生活区应根据现场地形,因地制宜,力求紧凑,满足板生产工艺和工期要求,做到工序衔接合理,物流顺畅,生产规模适度预留。哈大客专 6 号板场全景如图 2-1 所示。

2. 预制场平面布局

轨道板生产线是轨道板预制生产区的核心,其设置的合理性直接关系到轨道板生产的质量、成本和效率。因此,在规划设计时应予以高度重视。从前面的描述中可以看出,轨道板生产线设置在厂房内部,作业过程相对独立,规划设计时,除应考虑生产线本身内部的工序衔接外,还应考虑与供料区、存板区、办公区之间的联系。CRTS Ⅰ型轨道板的生产流程大致可以概括为:钢筋网片加工制备后,安置轨道板模具上,然后浇注混凝土并进行蒸汽养护,养护结束进行轨道板检测、预应力张拉、封锚、水养作业,最后运出厂房在存板区台座上存放。按照上述流程,轨道板生产线内设置钢筋加工区、混凝土浇筑区、翻板检查区、张拉封锚区、水养区等,上述五个分区在厂房内按照工艺顺序进

图 2-1　哈大客专 6 号板场全景

行“U”形排列，通过合理组织各区之间及其内部均实行流水作业。

轨道板预制一般采用钢筋网片整体绑扎吊装和混凝土一次性灌注工艺，操作过程涉及较大重量（钢筋骨架 0.45 t、轨道板重量 6 t）的材料及半成品的运输问题，各分区之间的工序衔接和物流组织成为轨道板生产线布局的关键环节。生产线内，大重量物流运输主要包括进场钢筋原材、钢筋网片、混凝土灌注斗、轨道板等。

钢筋原材进场一般采用大型卡车运输，转弯半径较大，考虑厂房建设的经济性，一般在厂房内需要设置直线进出通道；轨道板钢筋骨架重 0.45t，一般采用桥式起重机配以运输小车进行搬运，如图 2-2 所示。

图 2-2　钢筋骨架运输

混凝土运输灌注需要经过以下两个过程：①从厂房外的拌和站运进厂房内，这个过程可以采用小型运输车（10t 载重量，转弯半径 6m）或者轨道小车；②垂直搬运至灌注模板位置，这个过程一般采用桥式吊车。当采用小型运输车组织混凝土运输时，应在混凝土灌注区布置顺畅的运输通道，尽量避免作业交叉；当采用轨道小车运输时，一般将轨道设置在混凝土灌注区的中间位置，以尽量降低桥吊的走行距离。需要说明的是为了提高混凝土的灌注效率和灌注均匀性，可考虑采用自动布料机，这样需要增加一台布料机的投入，相应的可以减少劳动力投入。混凝土运输灌注采用的方法不同时，运输通道也要采用不同的设置方法，生产线截面形式及生产线布置示意如图 2-3、2-4、2-5 所示。图 2-4 主要以横向运输通道为主，混凝土料斗采用小型汽车组织运输；图 2-5 主要以纵向通道为主，混凝土料斗采用轨道小车进行运输。

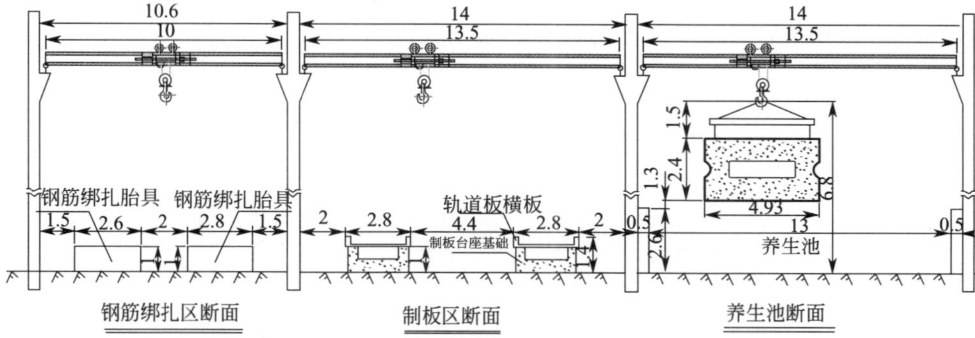

图 2-3　生产线截面形式(单位：m)

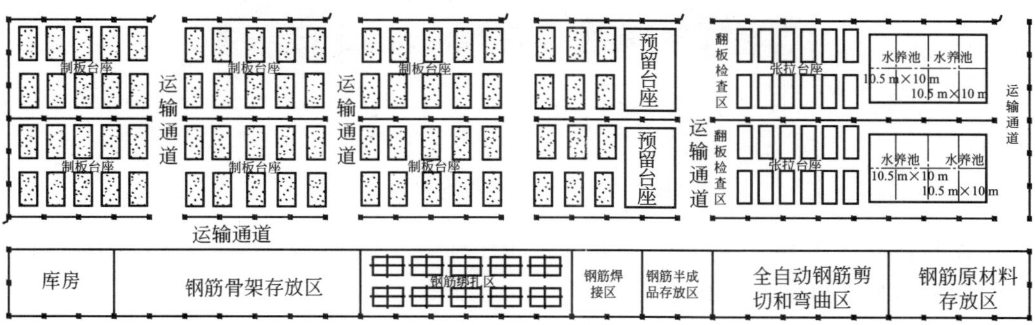

图 2-4　模板横向布置生产线平面

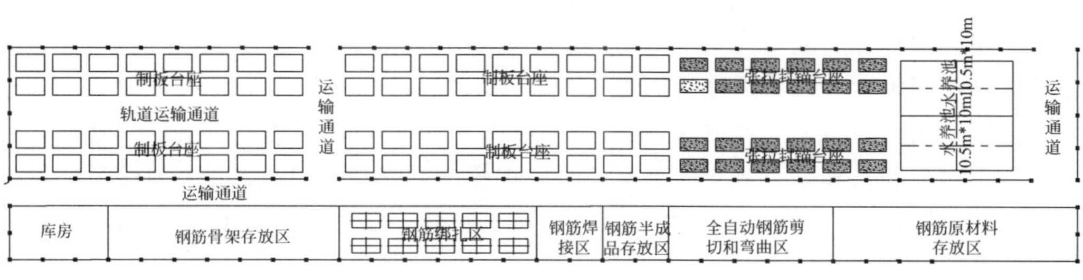

图 2-5　模板纵向布置生产线

轨道板脱模后，其翻板检查及水养均采用桥式起重机或轨道小车组织运输，前者适用于混凝土灌注生产线较短的情况(图 2-4，桥吊走行速度为 20 m/min，一般单向运输时间控制不超过 5 min)，后者则适用于混凝土灌注生产线较长的情况(图 2-5)。

第三节　预制场施工规划设计

一、预制场保障系统的规划

轨道板预制场保障系统的规划按供应双线范围 35～100 km，总生产工期 12 个月进行保障系统的规划设计和设备配备。

（一）拌和站

为了节约用地，减少投资，拌和站应尽可能利用本项目既有的梁场、预制构件场等线下工程的拌和站。哈大客专 5 号板场拌和站全景如图 2-6 所示。

图 2-6　哈大客专 5 号板场拌和站全景

拌和站按每月 25 个工作（生产）日、料场存料能力 15 d，总生产工期 12 个月进行拌和站的平面布置和设备配备。

拌和站机械配置的规格、型号和数量应满足所生产 CRTSⅠ型无砟轨道板混凝土的数量、质量和进度要求。搅拌机宜采用强制式和周期式混凝土搅拌机为配套主机，拌和站的实际生产能力应考虑单位时间混凝土的最大需求量，以满足单位时间最大生产量要求和混凝土生产总体进度为原则。

由于哈大客专地处严寒地区，多数预制场需要冬季施工，故建设拌和站时还应考虑冬季施工时拌和站和砂石料仓冬季施工时的保温加热措施，拌和站可采用保温彩钢板进行封闭，砂石料仓加热可采用通蒸汽管道进行加热。哈大客专某板场拌和站料仓外景如图 2-7 所示。

根据功能和位置的不同，CRTS Ⅰ型板式无砟轨道混凝土轨道板预制场拌和站可再细分为拌和区、原材料存放区组成。本章计算骨料存放区的占地面积时按满足存放 15 d 连续预制混凝土生产量要求。拌和站骨料需求量及堆场占地面积可按下式计算：

（1）骨料日需要量

$$Q=c_q \times g \times (1+\alpha)/\gamma$$

式中　Q——预制场骨料的日需要量，m^3；

c_q——预制场拌和站混凝土日生产量，m^3；

g——轨道板每 m^3 混凝土所需骨料的重量，kg/m^3；

α——骨料的损耗系数，无资料时可取 5%；

γ——骨料容重，kg/m^3。

(2)骨料储存量

$$Q_c=Q \times t_n$$

式中　Q_c——预制场骨料储存量，m^3；

t_n——预制场骨料储存周期，d。

(3)骨料堆场面积

$$A_g=Q_g/(q \times k_s)$$

式中　A_g——预制场骨料堆场面积，m^2；

Q_g——预制场骨料堆场应堆放的骨料数量，m^3；

q——每一平方米堆场面积骨料储存定额，m^3/m^2，采用铲车为堆料工具时，无资料时可取 2.0～3.0；

k_s——堆场面积利用系数，无资料时可取 0.7。

图 2-7　哈大客专某板场拌和站料仓外景

(二)供水系统

在进行轨道板预制场给水系统规划时，应考虑预制场用水量、水资源与预制场用水量之间的供需关系、给水水源、给水系统布局、给水站的位置和用地等因素。预制场给水系统应满足预制场的水量、水质、水压的要求，并应按预制场地形、规划布局、技术经济等因素经综合比较后确定。

CRTS Ⅰ型板式无砟轨道混凝土轨道板预制场用水应包括拌和站、蒸汽养护、水养池、生活等用水，当选用地表水为预制场给水水源时，其枯水流量保证率应根据预制场规模确定，不宜小于92%，否则，应采取多水源调节或调蓄等措施保证用水量；当采用地下水为给水水源时，应采用调蓄措施进行水量储备，其蓄水量不应低于预制场的最高日用水量。预制场蒸汽锅炉、混凝土拌和站的输水管不宜少于两根，当其中一根发生事故时，另一根管线的给水量不宜小于正常给水量的80%。

（三）供电系统

供电系统规划设计应遵循贯彻节能、节地和环保的原则，贯彻安全第一、预防为主、防消结合的方针，满足防火、防爆、防洪等安全设防要求；同时应符合CRTS Ⅰ型无砟轨道板预制场场区规划总体要求，并应与场区内道路交通规划、供水、排水排污、供热等工程统筹规划，妥善处理。

对轨道板进行电力负荷预测时，需考虑以下主要内容：场区内各规划建筑物的单位面积负荷指标、场区规划最大负荷、负荷中心区域预测、场区局部最大负荷等，预制场用电包括拌和站、钢筋加工制作设备、轨道板打磨设备、高频振动器、天车、翻转机、空压机、门吊、锅炉和生活用电等。

预制场供电电源可分为接受场外电能的电源变电设施（场外电源）和自备发电设备两类；预制场应配置自备发电电源，其功率应能保证场区局部区域最大用电要求。

（四）供热和供汽系统

预制场热力系统的布置应考虑下列因素：预制场的总体规划、生产规模和生产速度，供热设备的技术参数等，预制场热力系统应进行单独设计。

养护用蒸汽由蒸汽锅炉提供，蒸汽管道在厂建时沿制板台座预埋，每个生产台座独立分支，蒸汽管道在模板下纵向U形布设，考虑轨道板生产的时效性，每个生产台座均设一个阀门独立控制。

冬季施工时需要利用蒸汽进行砂、碎石、拌和水、模型加热及轨道板的蒸汽养护。根据轨道板需要情况合理布置蒸汽管道，地下管道需埋入地表0.3m以下，架空管道需进行有效保温。

（五）试验室

1. 建设标准

板场试验室须在建场前期组建，进行试验室建设，根据试验检测需要板场试验室须设置集料室、水泥室、计量室、混凝土力学室、金属材料室、标准养护室等。建立试验室质量管理体系，相应的人员岗位职责、工作程序及管理制度，仪器设备的操作规程、运转记录等。

2. 试验室主要试验检验项目如下

(1)水泥：细度、比表面积、标准稠度、凝结时间、安定性、胶砂强度、抗硫酸侵蚀性；

(2)掺和料：细度、需水量比、烧失量、含水率、活性指数、流动度比；

(3)细骨料：细度模数、含泥量、泥块含量、有机物含量、轻物质含量、云母含量、吸水率、密度、孔隙率；

(4)粗骨料：颗粒级配、含泥量、泥块含量、针片状颗粒含量、压碎指标值、密度、岩石抗压强度、吸水率、紧密孔隙率；

(5)外加剂：含气量、常压泌水率比、密度、抗压强度比、减水率、凝结时间差、与水泥的相容性、固体含量、坍落度保留值、水泥净浆流动度、收缩率比；

(6)钢筋：屈服强度、极限强度、伸长率、弯曲性能、焊性能试验；

(7)冷拔低碳钢丝：抗拉强度、伸长率、弯曲性能；

(8)环氧树脂涂层钢筋：涂层厚度、涂层连续性、涂层可弯性，与混凝土的黏结强度、锚固长度；

(9)预应力钢棒：抗拉强度、规定非比例延伸强度、伸长率、弯曲性能；

(10)混凝土试验：混凝土配合比、坍落度、含气量、泌水率、容重、凝结时间、水灰比、温度、强度、弹性模量、抗裂性；

(11)聚合物封锚砂浆：砂浆配合比、收缩性、抗渗性、抗压强度、抗折强度；

(12)现场检测：预埋套管抗拉拔力、钢筋骨架绝缘性能、轨道板绝缘性；

锚具硬度、锚固效力系数、破断延伸率，混凝土试验电通量、抗冻性、耐蚀系数可委托相应资质的单位进行试验。

(六) 办公区和生活区

办公区和生活区主要实现为场区工作人员提供生活办公场所功能。施工现场的办公、生活区应与作业区分开设置，并保持安全距离，办公、生活区的选址应当符合安全性要求，职工生活设施要符合卫生、安全、通风、照明等要求。办公生活区一般具有自己独立的水电保障体系，职工的膳食、饮水、休息场所等应当符合卫生标准。

办公区可与工程试验室设置在一起。生活区房屋主要供预制场管理人员和操作人员休息居住。生活区工人数量总和应根据各工序需要的劳动力数量汇总确定，工人宿舍列数按下式计算：

$$a_k = n_g/(4\times 20)$$

式中 a_k——工人宿舍列数，列，向上取整；

n_g——工人数，个；

常数——按 1 间 4 人布置，宿舍楼双层布置，1 列为 20 间宿舍，可供 80 人居住。

二、主要土建结构物设计

轨道板预制场土建工程主要有生产厂房、轨道板模型基础、张拉台座基础、水养池等土建结构物。

(一)生产厂房设计

轨道板预制厂房应委托具备相关设计资质的设计单位进行设计，在委托设计过程

中,以下参数与轨道板制作工艺密切相关,应重点予以明确:

(1)厂房跨度与跨数:一般情况下,钢筋加工区和轨道板灌注区分别占据 1 跨厂房,厂房跨数可由此确定;每跨跨度一般不小于 15 m,具体尺寸由模板布置方案确定。

(2)厂房柱距与长度:柱距一般采用 6 m 经济柱距,在山墙钢筋材料进出口及轨道板出厂房位置,应考虑加大柱距至 9 m;长度由轨道板模具数量及生产线工位布置方案确定。

(3)厂房高度由桥式吊车轨顶标高和吊车结构尺寸决定,一般情况下轨顶标高不小于 6.8 m,吊车结构尺寸有吊车设备型号确定,一般起重能力应大于 10 t。

(4)厂房内钢筋材料运输通道宽度不小于 4 m,按直线进出厂房设置;其他通道根据运输方式(轨道或小型汽车)不同确定,轨道一般间距 1 435 mm,小型汽车通道考虑转弯半径一般设置为 6 m。

(5)考虑冬季施工,厂房维护结构应考虑保温隔热要求,钢筋加工车间温度不低于 0 ℃,预制场生产区厂房内部温度不低于 10 ℃;考虑汽车尾气、封锚砂浆及钢筋焊接加工等污染源,应考虑设置排风口;考虑厂房内施工作业,厂房设计应满足照明度要求。

(6)其他厂房结构设计荷载及地基承载力等参数,可参考相关规范和现场勘查资料执行,在此不予详细描述。

(二)轨道板模型基础设计

根据相关规范要求及轨道板实际荷载及工况,模型基础一般设计为钢筋混凝土板式基础或框架梁式基础,设计荷载取值依据为:每套钢模板重约 5～7 t,钢筋混凝土板重量约 6 t,因此基础承受的上部静荷载总重约 11 t,设计时一般考虑振动器振动时的动荷载系数为 1.3。在仅考虑基础刚度满足要求的情况下,板式基础厚度应不小于 200 mm,框架梁式基础断面尺寸不小于 700 mm×500 mm。

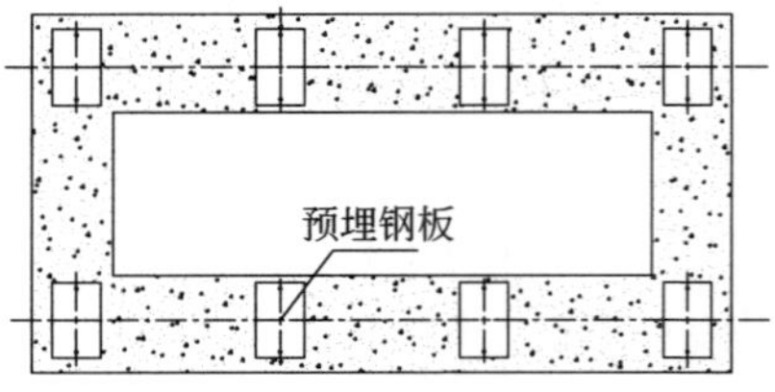

图 2-8 模板基础形式

为了方便工人施工作业以及施工期间进入模板底部进行检修,模板顶面离地面设置为 80cm 左右,底模与地面至少在 1.5m 以上。基础结构形式可参照图 2-8 所示,具体尺寸需根据不同模板的几何尺寸进行确定。

考虑施工快捷、方便,轨道板模型台座也可采取板式混凝土扩大基础,考虑台座不均匀沉降对模板及轨道板的影响,在台座设置位置宜加铺钢筋网片。轨道板模型基础结构布置示意如图 2-9 所示。

(三)张拉台座设计

轨道板在张拉时需进行平放,最多存放 4 层板,张拉台座采用双排式条形钢筋混凝土基础,条形基础中心间距须根据轨道板存放支点进行确定,长度比轨道板长 10 cm,

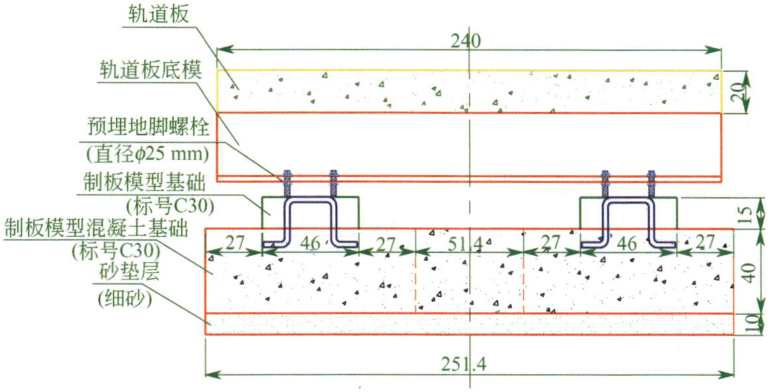

图 2-9 轨道板模型基础结构布置示意图(单位:cm)

为方便张拉时安装张拉千斤顶,基础应高出地面 20～30 cm 左右,为保护轨道板不受损坏,基础顶面应铺设 5～10 mm 胶皮(也可将张拉区整体浇筑基础混凝土,混凝土顶面标高与地面标高平齐,然后在混凝土面上安装 15 cm×15 cm 方木)。

(四) 水养池设计

轨道板张拉封锚完成后在水养池内养护 3 d 以上,因此水养池容积应根据每天生产轨道板数量进行确定,且至少应满足 3～4 d 以上最大产板数量。轨道板在水养池内垂直存放,水养池深度应根据轨道板宽度进行确定,保证轨道板放入水池后能被水全部覆盖为原则,水养池底部还需设置轨道板存放台座。水养池结构以保证周边土压力作用下,不发生变形和破坏为设计原则。

哈大客专地处严寒地区,室内外温差较大,如果水养池露天设置,春、秋季节及冬季水养池的水温难以保证,并可因温差大导致轨道板产生裂纹,在冬季时甚至可能导致轨道板受冻开裂。因此,哈大客专所有轨道板场水养池全部在室内设置。

冬季施工时应严格控制水养池温度,养护用水采用蒸汽加热,保证水养池水温≥5 ℃。同时应适当增加轨道板的水养时间,水养时间至少为 4 d。因此,预制场如考虑冬季施工,水养池面积应适当加大。

(五)存板台座设计

CRTSⅠ型轨道板采用横向垂直存放形式,由于轨道板存放时间一般较长(最长大于 8 个月),因此在存板台座设计时,应按照强度和变形双重指标进行控制,考虑到存放过程中还需要洒水养护,避免地基浸泡起见,应设置良好的排水系统。

轨道板采用立放(长度方向着地),单块轨道板按 65 kN 计算,轨道板宽度取 200 mm,存板台座荷载按均布荷载计算,荷载大小为 $q=65\div(2\times0.2)=162$ kN/m。存板台座一般是布置在轨道板两端的吊点位置,存板台座断面一般为倒“T”形或矩形截面,长度根据现场存板要求,以及存板区域确定,长度方向每隔一段设置一条伸缩缝。

存板台座地基一般采用换填法进行处理，处理深度和换填材料的压实度应满足地基强度和变形的要求。图 2-10 为换填处理存板台座构造图。

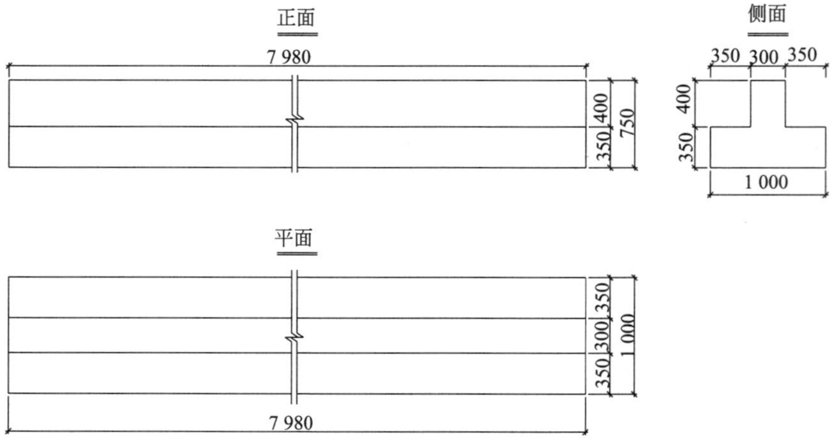

图 2-10　存板台座构造图(单位:mm)

(六)龙门吊基础设计

为了方便轨道板存放和运输，轨道板存板区需要配置 10 t 起重能力的轮轨式龙门吊，吊车下需要设置钢筋混凝土条形走行基础。

龙门吊基础设计应根据门吊实际走行中最大轮压荷载进行移动荷载分析，由于门吊运行速度较慢，一般不考虑其冲击系数。轨道梁按弹性地基梁进行计算分析，根据内力分析结果进行轨道梁配筋设计，根据反力结果，进行地基处理设计。

第三章

轨道板预制施工

第一节　施 工 准 备

一、组织机构和制度建立

无砟轨道板预制场应建立由场长负责的组织机构，管理工作按功能建立各部室，作业层以明确的工作内容划分工班。各预制场根据生产规模配置足够的技术、管理及试验人员。其中高级技术职称的人员不少于 2 人，中级技术职称的人员不少于 4 人，轨道板场一般以每套模型配置 4～6 人计算预制场总人数。

轨道板场应当建立技术管理制度、试验检测制度、质量管理制度、安全管理制度等相关管理制度并严格实施。

按照技术、质量和安全管理文件对全员进行培训并进行考核，合格后方能上岗。

二、技术文件准备

正式施工前，板场应为持续生产准备充分的技术文件。

1. 对图纸进行会审，领会设计意图。
2. 收集相关规范文件，确保按规范控制、按规范生产。
3. 编制企业内部质量控制标准（不低于相应的国家标准和行业标准）。
4. 编制原材料检验制度、原材料管理制度、成品、半成品检验验收制度等管理制度。
5. 根据工艺试验总结，结合实际情况，各预制场单独编制适合本场的生产工艺细则。
6. 认真进行技术交底，并跟踪检查交底落实情况，必要时进行二次交底。

三、板场的规划设计、施工

在施工准备阶段应进行预制场的规划设计并进行设备配置计算，规划设计完成后即进行预制场土建结构物的施工，最后进行设备安装调试。

CRTS Ⅰ型轨道板预制场规划设计可分为整体规划阶段设计和施工规划阶段设计：整体规划设计阶段主要包含预制场选址、预制场关键参数确定、预制场主要装备配置、预制场钢筋加工区、轨道板生产区、轨道板存放区平面布置等工作内容；施工规划阶段设计主要进行预制场拌和站、供水、供电、供热、供蒸、试验室、办公区和生活区等保障系统的规划、土建结构物设计和人力资源配置等。具体要求详见第二章。

四、材料调查、物资准备

在进行轨道板场建场前应对所用材料进行全面的调查，首先对具有相应资质的合格供应商进行经济比选，将比选出的材料进行相应的型式试验，确定最优供料商和供料方案。在正式生产轨道板前应当对所用材料进行备料准备，一般需准备 7～15 d 用料量，以确保持续生产。

轨道板场必须持续进行生产，因此对水、电和燃料的供应情况进行详细调查，制定切实可行的供应方案。

五、工艺试验

轨道板正式施工前应当根据工程特点和规范要求编制工艺试验大纲，经评审合格后进行工艺性试验。并进行工艺总结。

工艺试验按照工艺试验大纲组织开展，试验过程中应认真记录试验数据，对于试验过程中采用的新材料、新技术和新设备应进行使用效果分析和经济技术比较。试验结束应对试验过程、产品质量及采用的新材料、新技术和新设备等进行全面客观的分析评估，对施工工艺进行系统总结，形成完整的工艺试验报告。

第二节　轨道板生产工艺流程

轨道板生产工艺流程如图 3-1 所示。

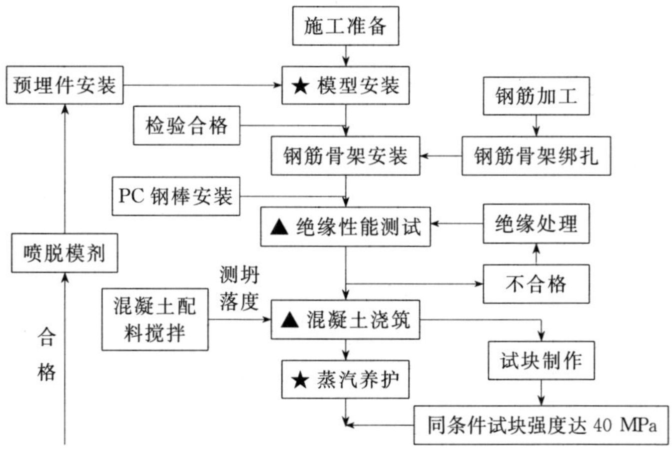

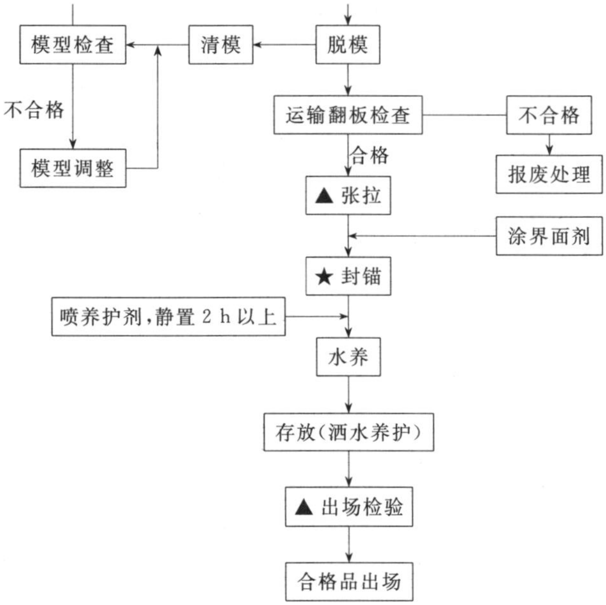

★：表示重点工序；▲：表示关键工序

图 3-1　轨道板生产工艺流程

第三节　原材料控制及检验

一、概　　述

轨道板生产所需原材料主要包括水泥、掺和料、细骨料、粗骨料、外加剂、冷拔钢丝、普通钢筋、环氧涂层钢筋、预应力钢棒、绝缘套管、起吊套管、综合接地端子等，各类原材料、构配件应具有制造厂家的质量合格证明书或第三方检测机构出具的质量合格检验报告单。

二、主要原材料质量要求及控制

所原材料进场后必须经复验合格后方可办理入库手续，不合格的原材料不得投入使用。材料应按规格、品种单独堆放，并设有明显标识。

1. 水泥

轨道板预制、封锚混凝土采用强度等级不低于 42.5 级的硅酸盐或普通硅酸盐水泥。水泥的性能应符合表 3-1 指标要求。

2. 矿物掺和料

矿物掺和料采用轨道板专用掺和料，其性能指标应符合表 3-2 的要求。

表 3-1　水泥的性能指标要求

序号	检验项目			技术指标	检验方法
1	比表面积			300～350 m^2/kg	按 GB/T 8074 检验
2	凝结时间			初凝≥45 min，终凝≤600 min （硅酸盐水泥终凝≤390 min）	按 GB/T 1346 检验
3	安定性			煮沸法合格	
4	烧失量（%）			≤5.0	按 GB/T 176 检验
5	游离氧化钙含量（%）			≤1.0	
6	氧化镁含量（%）			≤5.0	
7	三氧化硫含量（%）			≤3	
8	氯离子含量（%）			≤0.06（预应力混凝土）	
9	碱含量（%）			≤0.60	
10	熟料中的 C_3A 含量（%）			≤8	按 GB/T 21372 相关规定检验
11	强度（MPa）	抗压	3 d	17	GB/T 17671 检验
			28 d	42.5	
		抗折	3 d	3.5	
			28 d	6.5	

表 3-2　轨道板专用矿物掺和料性能指标要求

序　号	项　　目		技 术 要 求
1	氯离子含量（%）		≤0.02
2	烧失量（%）		≤4.0
3	SO_3 含量（%）		≤3.0
4	含水量（%）		≤1.0
5	需水量（%）		≤125
6	活性指数	1 d	≥125
		28 d	≥110

3. 外加剂

液体外加剂应放置阴凉干燥处，防止日晒、受冻、污染、进水或蒸发，如有沉淀等现象，重新检验合格后方可使用。

轨道板混凝土应采用聚羧酸盐系减水剂，其减水率应不小于 25%、收缩率比不大于 110%，其他要求应符合《铁路混凝土工程施工质量验收标准》（TB 10424—2010）相关规定。

严禁使用掺入氯盐类外加剂。

4. 细骨料

哈大客专轨道板混凝土所用细骨料采用材质坚硬、表面洁净、级配合理的天然中粗河砂，天然河砂性能应符合表 3-3 规定。

表 3-3　天然河砂性能指标(≥C50)

序号	检验项目	技术要求
1	骨料级配	符合铁路混凝土工程施工质量验收标准(TB 10424—2010)相关规定
2	细度模数	2.3～3.0
3	含泥量	≤1.5%
4	泥块含量	≤0.5%
5	云母含量	≤0.5%
6	轻物质含量	≤0.5%
7	氯离子含量	<0.02%
8	硫化物及硫酸盐含量	硫化物及硫酸盐含量不应大于 0.5%，当砂中含有颗粒状的硫酸盐或硫化物杂质时，应进行专门检验，确认能满足混凝土耐久性要求时，方能采用
9	有机物含量(用比色法试验)	浅于标准色
10	吸水率	≤2%
11	坚固性	细骨料的坚固性用硫酸钠溶液循环浸泡法检验，试样经 5 次循环后其质量损失应不超过 8%
12	碱活性	细骨料应进行碱活性检验，不应使用具有碱-碳酸盐反应活性或砂浆棒膨胀率大于 0.20%的碱-硅酸盐反应活性的骨料。当骨料的砂浆棒膨胀率为0.10%～0.2%时，混凝土碱含量应不超过 3 kg/m³

5. 粗骨料

粗骨料应采用材质坚硬、表面清洁的二级或多级单粒级碎石，按最小堆积密度配置而成，各级粗骨料应分级储存、分级运输、分级计量，最大粒径为 20 mm。

粗骨料在开采、轧制、运输和堆放过程中，不得混有黏土团块或有机杂质，颗粒表面不得附有黏土包覆层，并严禁混入经过煅烧的白云石块或石灰石块。

粗骨料的性能指标要求见表 3-4。

表 3-4　粗骨料的性能指标要求(≥C50)

序号	检验项目	技 术 要 求
1	骨料级配	符合《铁路混凝土工程施工质量验收标准》(TB 10424—2010)相关规定
2	含泥量	≤0.5%
3	泥块含量	≤0.2%

续上表

序号	检验项目	技 术 要 求
4	针片状颗粒总含量	≤5%
5	硫化物及硫酸盐含量	≤0.5%
6	氯离子含量	<0.02%
7	碎卵石中有机质含量	用比色法试验，颜色浅于标准色
8	岩石抗压强度	粗骨料的强度用岩石抗压强度表示，且岩石抗压强度与混凝土强度等级之比不应小于1.5。施工过程中碎石的强度可用压碎指标值进行控制，压碎指标不应大于10%
9	坚固性	粗骨料的坚固性用硫酸钠溶液循环浸泡法进行检验，试样经5次循环后，其质量损失率应≤5%
10	碱活性	选用的骨料在试生产前应按《铁路混凝土用骨料碱活性试验方法》(TB/T 2922)进行碱活性试验，并应符合《铁路混凝土工程预防碱-骨料反应技术条件》(TB/T 3054—2002)的要求。不应使用具有碱-碳酸盐反应活性或砂浆棒膨胀率大于0.20%的碱-硅酸盐反应活性的骨料。当骨料的砂浆棒膨胀率为0.10%～0.2%时，混凝土碱含量应不超过3 kg/m³

6. 水

拌和用水可采用饮用水。当采用其他来源的水时，水的品质应符合下表要求。拌和用水的性能指标见表3-5。

表3-5 拌和用水的性能指标

序号	项　目	预应力混凝土
1	pH值	>6.5
2	不溶物含量	<2 000 mg/L
3	可溶物含量	<2 000 mg/L
4	氯化物含量	<500 mg/L
5	硫酸盐含量	<600 mg/L
6	碱含量	<1 500 mg/L
7	凝结时间差	用拌和用水和蒸馏水(或符合国家标准的生活饮用水)进行水泥净浆试验所得的水泥初凝时间差及终凝时间差均不得大于30 min，其初凝和终凝时间尚应符合水泥国家标准的规定
8	抗压强度	用拌和用水配制的水泥砂浆或混凝土的28d抗压强度不得低于用蒸馏水(或符合国家标准的生活饮用水)拌制的对应砂浆或混凝土抗压强度的90%

养护用水除不溶物、可溶物可不作要求外，其他要求同上，养护用水不得采用海水。

7. 预应力钢棒体系

(1)预应力钢棒体系原材料技术要求

预应力钢棒体系原材料主要包括无黏结预应力钢棒(钢棒、护套及防腐润滑油脂)、锚固螺母、锚垫板和螺旋筋等组成。各种原材料的技术指标要求见表 3-6。

表 3-6　预应力钢棒体系原材料的技术指标要求

序号	产品名称	质量要求
1	钢棒	钢棒原材料应采用中、低碳合金钢热轧盘条,其性能符合 YB/T 4160 的规定; 钢棒中 P、S、Cu 等有害微量元素含量限值:P≤0.025,S≤0.025,C_U≤0.25; 预应力钢棒应采用低松弛预应力钢棒,其抗拉强度不低于 1 420 MPa,屈服强度不低于 1 280 MPa,断裂延伸率不低于 7%,其他性能及检测规则应符合 GB/T 5223.3 的规定。 预应力钢棒公称直径、螺纹中径、螺距、螺纹公差等应满足规范要求
2	护套及油脂	预应力钢棒无黏结方式采用护套包裹,护套采用热塑挤压成型工艺,不得采用后穿入成型工艺; 护套采用挤塑型改性高密度聚乙烯树脂,护套厚度、长度应满足规范要求,表面不允许有超过 0.2 mm 的划痕,护套性能应符合 GB 11116 规定; 护套与钢棒间涂敷专用防腐油脂,油脂应具有良好的化学稳定性,无侵蚀性,润滑性能良好,其用量和性能符合 JG 3007 规定
3	锚固螺母	锚固螺母采用 45 号优质碳素结构钢,其性能应符合 GB 699 的规定; 锚固螺母外形为正六边形,对边间距、高度等应满足规范要求
4	锚垫板	锚垫板采用 45 号优质碳素结构钢,其性能应符合 GB 699 的规定; 锚垫板的外形尺寸应符合设计图纸要求,其安装后的垂直度应小于 1°
5	螺旋筋	螺旋筋采用 ϕ5 mm 低碳冷拔钢丝,其直径、螺距及圈数应符合设计图要求

(2)预应力钢棒体系质量检验

预应力钢棒体系检验分原材料检验、型式检验和进场检验三类,预应力钢棒出厂时应成捆包装、加栓标识,标明生产厂名,产品名称、规格、强度级别、数量、生产日期或生产批号。

施工现场存放钢棒应下垫上盖、按批号分堆存放,挂牌明示。存储地点应干燥、防潮、通风良好、无腐蚀气体和介质,避免潮湿锈蚀。

其各类检验的内容及要求见表 3-7。

8. 普通钢筋

钢筋应平直、无损伤、表面不得有裂纹、结疤、折叠、油污、颗粒状或片状锈蚀。钢筋表面凸块和其他缺陷的深度和高度不得大于所在部位尺寸的允许偏差。

表 3-7　原材料检验、型式检验和进场检验内容及要求

检验类别	检验内容及要求
原材料检验	原材料检验是指预应力钢棒体系生产单位对其购入的制作预应力钢棒所用材料(低碳合金钢热轧盘条、防腐润滑油脂、高密度聚乙烯树脂、45 号优质碳素钢等)进行的检验

续上表

检验类别	检验内容及要求
型式检验	型式检验是指钢棒生产单位对其产品性能进行全面控制考核的检验。型式检验包括原材料、外形尺寸、外观质量及力学性能检验。型式检验的内容为《哈大客专CRTS Ⅰ型板式无砟轨道混凝土轨道板用预应力钢棒体系暂行技术条件》及相关规范要求的所用技术指标
	有下列情况之一者应进行型式检验： (1)新产品或产品转产生产的试制定型检验； (2)正式生产后，原材料、工艺及设备有较大改变，可能影响产品性能时； (3)正常生产时，每生产一万块板进行一次检验；不足一万块时，每10批(每批40 t)抽取9根进行一次检验； (4)产品长期停产后，回复生产时； (5)出厂检验结果与上次型式检验有较大差异时
	型式检验的检验项目包括： 1. 原材料性能检验； 2. 预应力体系的静载锚固性能、疲劳性能和周期载荷性能检验； 3. 锚固螺母的硬度、外形尺寸和外观质量； 4. 锚垫板的外形尺寸、外观质量； 5. 护套的外形尺寸和外观质量
进场检验	进场检验包括外形尺寸、外观质量、硬度及静载锚固性能等。 进场检验的项目包括： 1. 预应力钢棒长度； 2. 锚垫板、锚固螺母、护套的外形尺寸和外观质量； 3. 锚固螺母的硬度； 4. 预应力体系的静载锚固性能； 5. 预应力钢棒的抗拉长度、屈服强度、伸长率

普通热轧光圆钢筋的直径偏差和不圆度应符合表3-8规定。

表3-8 热轧光圆钢筋钢的直径偏差和不圆度要求

公称直径(mm)	直径允许偏差(mm)	不圆度
≤20	±0.40	≤0.40

热轧光圆钢筋的力学性能及工艺性能应符合《钢筋混凝土用热轧光圆钢筋》(GB 13013—91)。详见表3-9。

表3-9 热轧光圆钢筋的力学性能及工艺性能要求

表面形状	钢筋级别	强度等级代号	公称直径(mm)	屈服点(MPa)	抗拉强度(MPa)	伸长率(%)	冷弯 d=弯芯直径； a=钢筋公称直径
				不小于			
光圆	Ⅰ级	R235	8—20	235	370	25	180° $d=a$

普通热轧(带肋)钢筋的力学性能及工艺性能应符合《钢筋混凝土用钢第2部分：热

轧带肋钢筋》(GB 1499.2—2007)规定。详见表3-10。

表3-10 普通热轧(带肋)钢筋的力学性能及工艺性能要求

类别	牌号	公称直径(mm)	屈服点 σ_s(MPa)	抗拉强度 σ_b(MPa)	伸长率 δ_s(%)	冷弯 d=弯芯直径,a=钢筋公称直径
普通热轧带肋钢筋	HRB335	6～25	≥335	≥455	≥17	$d=3a$

普通热轧光圆钢筋及热轧(带肋)钢筋重量允许偏差应符合表3-11规定。

表3-11 普通热轧光圆钢筋及热轧(带肋)钢筋重量允许偏差

序号	公称直径(mm)	实际重量与理论重量的偏差(%)
1	8～12	±7
2	14～20	±5

9. 环氧涂层钢筋

(1)原材料要求

用于制作环氧涂层的钢筋,其质量应符合现行国家标准的规定,且表面不得有尖角、毛刺或其他影响涂层质量的缺陷,并应避免油、脂漆等污染。制作环氧涂层的钢筋应按批次进行进场检验,合格后方能进行涂层制作。

环氧涂层材料必须采用专业生产厂家的产品,且符合相关规范标准。

涂层修补材料必须采用专业生产厂家的产品,其性能必须与涂层材料兼容,在混凝土中呈惰性,且符合相关规范标准。

(2)涂层要求

钢筋涂层应符合《环氧涂层钢筋》(JG 3042—1997)要求。

固化的无破损环氧涂层厚度应为180～300 μm。在每根被测钢筋的全部厚度记录值中,应有不少于95%的厚度记录值在上述规定范围内,且不得有低于130 μm的厚度记录值;

涂层应连续,不应有空洞、空隙、裂纹或肉眼可见的其他缺陷,每米长度上检测出的针孔数不应超过3个。

涂层钢筋必须具有良好的可弯性,环氧涂层钢筋弯曲后,检查弯曲外凸面的针孔数,每米长度上检查出来的针孔数不应超过4个,且不得有肉眼可见的裂缝、孔隙、剥离等缺陷。

每米涂层钢筋上涂层缺陷总面积不得超过钢筋表面积的0.05%。

(3)涂层修补

在环氧涂层的任一点上,当涂层脱开、剥离或损伤到下列的程度时,不得修补和使用:

一点上的面积大于25 mm^2或长度大于50 mm,其中不包括钢筋剪切端头的修补面积；1 m长度内有3个点以上，即使每个点的面积均小于25 mm^2，或长度均小于50 mm；环氧涂层钢筋切下并弯曲的一段上，涂层有6个点以上的损伤。

环氧涂层钢筋在搬运、加工、焊接、架立过程中造成的涂层损伤应按下列规定进行修补：

加工过程中受到剪切、锯割或工具切断时的切断头，与焊接烧伤及热影响区，均应在切断或损伤后2 h内及时修补；

修补应采用环氧涂层钢筋生产厂家提供的材料；

当修补时的环境相对湿度大于85%时，应以电热吹风器适当加热；

修补时，应使涂抹修补材料与已有牢固涂层搭接的范围适当，不宜使已有牢固涂层过量增厚；

修补涂层厚度不得少于180 μm。

(4)运输及存储

涂层钢筋的运输及存储应符合表3-12要求。

表3-12 涂层钢筋的运输及存储要求

序号	运输及存储要求
1	涂层钢筋应采用具有抗紫外线照射功能的塑料布进行包装
2	涂层钢筋的包装应分捆进行，其分捆应与钢筋原材料进场时一致，但每捆涂层钢筋重量不应超过2 t
3	每捆涂层钢筋除应保留原钢筋的标志内容外，尚应标志出涂层钢筋的生产厂家、生产日期、产品名称及代号等，并做出合格标记
4	涂层钢筋的吊装应采用对涂层无损坏的绑带及多支点的吊装系统进行，并防止钢筋与吊索之间及钢筋与钢筋之间因碰撞、摩擦等造成涂层损坏
5	涂层钢筋在搬运堆放过程中，应在接触区域设置垫片；当成捆堆放时，涂层钢筋与地面之间、涂层钢筋捆与捆之间应用垫木隔开，且成捆堆放的层数不得超过5层

10. 预埋绝缘套管及起吊套管

预埋绝缘套管及起吊套管的质量要求详见表3-13。

表3-13 预埋绝缘套管及起吊套管质量要求表

序号	项　目	质量要求
1	外观	绝缘套管的外观除可见合模线(高度不大于0.5 mm)外，不得存在注塑缺陷。套筒色泽应一致，无杂质，无可见的缺陷、气孔或焦痕，无飞边和毛刺； 绝缘套管内螺纹应螺纹光洁规整，不允许有妨碍螺纹量规自由旋入的缺陷
2	尺寸精度	绝缘套管内螺纹采用螺纹量规检查，螺纹通规应顺利旋入全部螺纹，螺纹止规旋入量不大于$3\frac{1}{2}$扣，内螺纹小径用专用光滑塞规检查。尺寸精度应符合设计图纸规定，每批次抽样80件，不合格件数应不大于5件

续上表

序号	项　　目	质 量 要 求
3	垂直度	绝缘套管进场检验，须采用专用工具对套管的垂直度进行检查
4	排水率	预埋套管排水率不得小于 0.5%。每批次抽样 5 件，应全部合格
5	抗拉强度	预埋套管经 150 kN 拉力作用后不应损坏。每批次抽样 5 件，应全部合格
6	内部空隙	预埋套管内部不得有气泡或空隙。每批次抽样 5 件，应全部合格
7	绝缘电阻	预埋套管绝缘电阻应大于 5×106 Ω。每批次抽样 5 件，应全部合格
8	包装	预埋套管应采用袋(箱)包装牢固，重量不大于 30 kg。包装物上应有包装标记，包装标记应包括以下内容：(1)产品名称；(2)规格型号；(3)数量；(4)重量；(5)制造商名称；(6)制造批号；(7)制造日期
9	存储	绝缘套管不应露天存放，不应和酸、有机溶剂等化学品同库存放，库房温度不超过 60 ℃，距离热源不少于 1 m

三、原材料和配件检验项目及频次

各种原材料和配件检验项目及检验频次详见表 3-14。

表 3-14　原材料和配件检验项目及频次

序号	项　　目		抽验项目频次		全面检验项目	
1	水泥	烧失量		每批散装水泥不大于 500 t 或袋装水泥不大于 200 t 的同厂家、同品种、同批号、同出厂日期水泥	√	任何新选货源或同厂家、同批号、同品种、同出厂日期的水泥出厂日期达 3 个月水泥
		氧化镁			√	
		三氧化硫			√	
		细度	√		√	
		凝结时间	√		√	
		安定性	√		√	
		强度	√		√	
		碱含量			√	
		比表面积			√	
		氧化钙含量			√	
		助磨剂名称及掺量			√	
		石膏名称及掺量			√	
		混合材名称及掺量			√	
		Cl^- 含量			√	
		熟料 C3A 含量			√	

续上表

序号	项目		抽验项目频次		全面检验项目	
2	细骨料	筛分	√	每批不大于 600 t 或 400 m^3 同厂家、同品种细骨料	√	任何新选货源或使用同厂家、同品种、同规格产品达一年者
		吸水率			√	
		细度模数	√		√	
		含泥量	√		√	
		泥块含量	√		√	
		坚固性			√	
		云母含量	√		√	
		轻物质含量	√		√	
		石粉含量	√		√	
		有机物含量	√		√	
		压碎指标	√		√	
		硫化物及硫酸盐含量			√	
		Cl^- 含量			√	
		碱活性			√	
3	粗骨料	颗粒级配	√	每批不大于 600 t 或 400 m^3 同厂家、同品种粗骨料	√	任何新选货源或使用同厂家、同品种、同规格产品达一年者
		岩石抗压强度			√	
		吸水率			√	
		紧密空隙率			√	
		压碎指标	√		√	
		坚固性			√	
		针片状颗粒含量	√		√	
		含泥量	√		√	
		泥块含量	√		√	
		硫化物及硫酸盐含量			√	
		有机物含量(卵石)	√		√	
		碱活性			√	
4	拌和及养护水	pH 值			√	任何新水源或同一水源的涨水季节或使用同一水源达一年者
		不溶物含量			√	
		可溶物含量			√	
		氯化物含量			√	
		硫酸盐含量			√	
		硫化物含量			√	
		凝结时间			√	
		抗压强度比			√	

续上表

序号	项　目		抽验项目频次		全面检验项目	
5	外加剂	匀质性指标		每批不大于 50 t 同厂家、同批号、同品种、同出厂日期混凝土外加剂	√	任何新选货源或同厂家、同批号、同品种、同出厂日期产品达 6 个月者
		减水率	√		√	
		坍落度保留值			√	
		常压泌水率比	√		√	
		压力泌水率比			√	
		含气量	√		√	
		抗压强度比	√		√	
		对钢筋的锈蚀作用			√	
		抗冻性			√	
		Cl^- 渗透电量			√	
		碱-硅酸反应抑制效能			√	
		收缩率比			√	
6	外掺料	氯离子含量(%)	√	每批不大于 120 t 同厂家、同批号、同品种、同出厂日期粉煤灰	√	任何新选货源或同厂家、同批号、同品种、同出厂日期产品达 3 个月者
		烧失量(%)	√		√	
		SO_3 含量(%)			√	
		含水量	√		√	
		需水量			√	
		活性指数(%)1 d			√	
		活性指数(%)28 d			√	
7	热轧带肋钢筋	抗拉强度	√	每批不大于 60 t 同厂家、同品种、同规格、同批号钢筋	√	任何新选厂家
		屈服强度	√		√	
		伸长率	√		√	
		冷弯	√		√	
8	热轧光圆钢筋	抗拉强度	√		√	任何新选厂家
		屈服强度	√		√	
		伸长率	√		√	
		冷弯	√		√	
9	PC 钢棒	原材料性能		每批不大于 40 t 同牌号、同规格、同一加工状态钢棒	√	任何新选厂家
		预应力钢棒静载锚固性能、疲劳性能和周期荷载性能检验	√		√	
		松弛性能检验			√	
		锚固螺母硬度、外形尺寸和外观质量	√		√	
		锚垫板的外形尺寸、外观质量	√		√	
		护套的外形尺寸	√		√	

续上表

序号	项目		抽验项目频次		全面检验项目	
10	绝缘套管与起吊套管	尺寸精度	√	绝缘套管每批次不大于10 000件；起吊套管不大于50 000件		任何新选厂家
		外观质量	√		√	
		排水率	√		√	
		抗拉强度	√			
		内部空隙	√			
		绝缘电阻	√			
11	冷拔钢丝	抗拉强度	√	同一尺寸、同一交货状态	√	任何新选厂家
		伸长率	√		√	
		弯曲试验	√		√	

第四节 模 型 工 程

轨道板模型采用钢模，按照构造由底模、端侧模、锁紧系统、脱模系统、定位系统和振动系统组成。按规格可分为标准板模型和异形板模型，标准板模型按轨道板长度分为P4962型、P4856型、P3685型、P4856A型、P4962A型。CRTS Ⅰ型轨道板模型如图3-2所示。

图3-2 CRTS Ⅰ型轨道板模型

一、模型构造及设计原则

(1)模板的结构要有足够的强度、刚度和稳定性，并能够保证模型在设计规定周转期内不变形。轨道板预制过程中，模板主要承受振动器荷载、混凝土灌注荷载等动力荷载作用，钢模板生产过程中积累的残余应力在这些过程中容易释放并引发模板结构形变，生产模板的应力消除方式应予以充分关注。

(2)模板必须具备足够精度，设计过程中必须从材料选择、加工方式、变形处理等多方面综合考虑。

(3)模板既要能控制轨道板形状和尺寸的准确性，又要便于钢棒、预埋件等的安装定位及混凝土的灌注等。

(4)模板的接缝务必严实，一般模板设计时在端模、侧模、底模连接处设置止浆胶条，以保证混凝土在强烈的振动下不漏浆。

(5)模板应该安拆方便，劳动强度不宜大于 5 kg。这是因为 CRTS Ⅰ型无砟轨道板模板按拆主要依靠人工完成，特别是开模阶段由于混凝土—模板界面黏结力较大，单靠人力将难以实现，因此合模、开模应配以便捷的省力装置。

(6)预埋件紧固系统是模板设计的关键之一，必须保证振动过程中埋件不发生移位。PC 钢棒、接地端子、起吊套管均采用丝杆固定；为提高生产效率，绝缘套管采用胀紧套进行固定，拆装方便。

(7)模板系统必须配置足够振动设备，保证不出现振捣盲区。

图 3-3 为 P4962 型轨道板“模板组装图”。

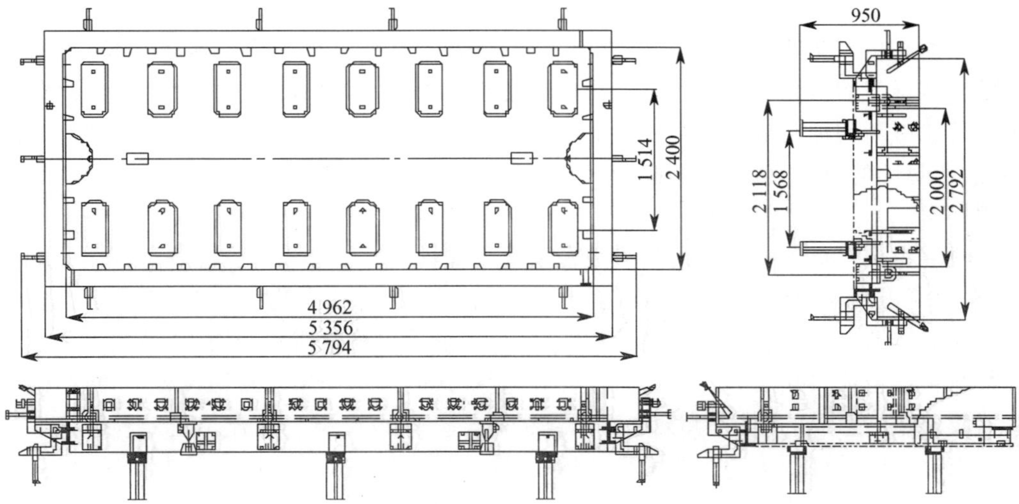

图 3-3　模板组装图(单位：mm)

二、哈大客专模型制造主要创新点

哈大客专轨道板模具采取施工单位统一招标方式选定合格供商，模具生产过程中及时跟踪模具设计和加工，参与模具的加工和使用，优化模具工艺。特别是对轨道板预埋套管定位装置、锚穴成孔器、拆模装置、振动方式等，配合供货商做了大量的试验和改进，提高了模具的使用功效和生产精度。

（一）绝缘套筒定位

绝缘套管改变原有丝扣定位方式，采用了强磁磁铁加卡扣定位，拆装方便，节约了模型台位施工成本。

（二）锚垫板定位

传统的锚垫板定位方式是在锚垫板、锚穴成孔器上设置螺栓孔，利用螺栓将二者连接。这种工艺操作不方便，大大增加了劳动时间与劳动力的投入。

哈大客运专线在锚垫板定位方式上采用了新工艺，即在锚垫板上设置两个定位圆孔，在锚穴成孔器上设置两根定位销棒并将成孔器端部制作为永久磁铁。既能准确的定位锚垫板，又大大提高了工效。

（三）钢胶结合锚穴成孔器

结合前期在轨道板预制施工中存在的问题，在模型锚穴成孔器的设计、制作阶段加入了钢胶结合方式的理念，在锚穴成孔器与端侧模面板间设置一条橡胶倒角圈，在轨道板脱模过程中有效地对锚穴孔进行保护。

（四）锚穴口自动成槽技术

从理论上讲，封锚砂浆靠原材料的自身膨胀作用塞紧锚穴孔，从而达到封锚的目的。然而在生产实践中，锚穴孔内表面十分光滑，封锚砂浆经常发生脱落现象，显然单靠砂浆原材料的自身膨胀力固定封锚砂浆是不够的，如果考虑到预应力钢棒在动载作用下可能有断裂弹出危及行车安全的风险，封锚砂浆需要具备阻止断裂钢棒弹出的功能，因此封锚的质量直接关系着高速列车行车安全。为此我们研究应用了锚穴口自动成槽技术。

轨道板锚穴自动成槽工艺是采用在模板内锚具表面加纵横交错硅胶条制成的环状体，在混凝土灌注前安装在锚穴成孔器上并调整均匀，然后浇筑混凝土，蒸养结束后拆除锚穴成孔器上的硅胶环状体，从而在锚穴口内形成纵横交错的凹槽，从而加大了封锚砂浆与轨道板锚穴孔之间的咬合力，起到固定锚穴砂浆的作用。封锚过程中，封锚砂浆充填胶条垫圈形成的凹槽，大大加强了封锚砂浆与周边混凝土结合。此工艺避免了以前人工对高标号混凝土凿毛的困难、能够提高工效，减少板厂的粉尘污染和噪声污染，同时纵横交错成槽使封锚砂浆能与轨道板板体很好的连接，降低了运营过程中封锚砂浆脱落的风险。图 3-4、图 3-5、图 3-6 为锚穴口自动成槽技术图片。

三、模型基础设置及监测

现行 CRTS Ⅰ型轨道板预制模板采用整体钢模，模板底部地脚螺栓与底部钢筋混凝土基础预埋钢板多采用焊接连接（图 3-7）。

为了保证轨道板的制造精度，模板基础必须平整、坚实，具有足够的强度和刚度，在

图 3-4 网状橡胶条

图 3-5 网状橡胶条安装

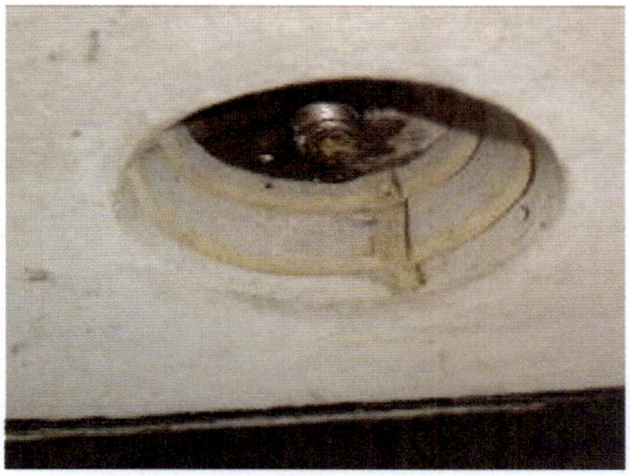

图 3-6 成型的锚穴口槽道

图 3-7 模板基础连接

使用过程中不变形，且不产生不均匀沉降。

在施工模型基础完成后以及在模型安装完成后，均应对模型基础进行沉降观测。

模型基础的沉降观测点一般设置在模板与基础的连接处，为测量方便，观测点通过模板引到模板与基础连接处的正上方(侧模的上表面)，且不少于 4 个，并做好记录。

对基础进行沉降观测前，首先要检查模型与台座的连接情况，如发生模型与台座间连接螺栓松动应立即采取措施进行处理，不得强行拧紧螺栓导致模型产生变形。

台座基础如果发生大于 0.5 mm 的不均匀沉降，则应对模型支脚进行调整，重新校验轨道板模板四角水平，承轨面水平、单侧承轨面中央翘曲量、相邻承轨面高差。

另外，工程实践表明，如果模型与基础采用完全刚性连接，混凝土振动密实效果将无法保证，因此为了保证振动器对混凝土的密实效果，在保证模板平整度的情况下，模板支脚与基础可在采用支脚下加设硬橡胶垫，适当地减弱模型与基础的刚性连接，能够保证混凝土振捣效果。

四、模型验收

(一)进场验收

轨道板模型须逐套进行验收,验收合格方可进场安装,不合格模型不得投入使用。进场模型配件必须齐全,重点检查扣件定位销配置数量是否符合要求,PC 钢棒预紧螺杆、起吊套管、接地端子紧固件数量是否符合设计需求,标识牌数量、规格与模型是否相匹配。

(二)组装验收

新制模型组装验收包括组装性能验收和模型精度验收。模型组装性能验收主要内容要求见表 3-15。模型的组装精度验收允许偏差见表 3-16。

表 3-15 模型组装性能验收主要内容

序号	验收项目	验收要点
1	模型的操作性能验收	开合、锁紧模型,检查模型在开合、锁紧过程中是否存在异响和操作的便捷、流畅性能
2	退模装置验收	旋转退模装置螺栓,观察退模过程中侧模与底模是否平行脱离,顶退速度是否一致,用钢板尺靠量
3	顶升装置验收	旋转顶升装置,徒手压顶判断各顶是否同步受力,工作性能是否良好
4	模型密封性能验收	测量模型各接缝的严密程度,模型各部分接缝必须密贴

模型的组装精度验收应符合下表规定。

表 3-16 模型组装精度验收允许偏差表

序号	检查项目		允许偏差(mm)
1	长度		±1.5
2	宽度		±1.5
3	厚度		$^{0}_{+1.5}$
4	预埋套管	中心位置距板中心线	±0.5
		保持轨距的两套管中心距	±0.75
		保持同一铁垫板位置的两相邻套管中心距	±0.5
		歪斜(距顶面 120 mm 处偏离中心线距离)	±1
		凸起高度	$^{0}_{-0.25}$
5	标记线(板中心线)位置		±0.5
6	板顶面平整度	轨道板四角水平	±0.5
		承轨面水平	≤0.5
		单侧承轨面中央翘曲量	≤1.0
		相邻承轨面高差	≤0.2

续上表

序号	检 查 项 目	允许偏差(mm)
7	其他预埋件位置及垂直歪斜	±1.0
8	半圆形缺口直径	±1.5
9	底模错缝、错台	不允许有
10	侧模、端模错缝错台	≤1.0
11	端模、侧模旁弯	≤1.5
12	底模对角线误差	≤1.5
13	预应力锚穴	≤0.5

五、模型安装

(一)安装前检查

1. 检查基础预埋件位置是否正确,预埋件螺栓是否松动。

2. 检查基础立柱支承是否完好,立柱预埋螺杆间距、预留高度是否满足要求,螺纹口是否完好。

3. 检查模型紧固件、模型定位销槽是否齐全、完好,脱模、顶升装置是否就位,标识标牌安装是否正确无误。

4. 检查振动器支架及模板焊缝处是否有开裂破损,如有均应及时加固,凡有振动器支架补焊,模型应进行全面检查。

5. 检查模型预埋件是否安装齐备,定位销是否松动,定位销与模型面板间隙是否在允许范围内,模型接缝是否严密。

6. 检查模型承轨台平整度,是否满足规范要求。

7. 检查模型板面是否平整、光洁、并清除模板上的灰渣。

(二)模型安装

1. 安装流程

模型清理→涂刷脱模剂→安装定位销及标识牌→安装锚垫板→脱模、顶板装置回位→两侧模同步滑移就位、侧模锁紧→端模同步就位→端模锁紧→预紧 PC 钢棒→模型安装完成。

2. 操作要点

底模安装:底模由底板、腹板、底板下方筋板、底模端部短侧板、底模侧面长侧板、底模两侧振动器座、模板支撑支座、螺纹套拉紧机构、侧模滑道支架、底板下方 30 号工字钢及 22 号工字钢组成。底模安装在制板台座施工完成达到要求后进行,待底模平整度调整满足要求后将模板支撑支座与制板台座支墩上预埋钢板进行焊接固定。在制板过程中不断对底模平整度等进行检测,如有偏差及时校正。

侧模安装:侧模由焊接组件、定位柱、锚具、垫圈、M20 螺母、内六角螺钉组成。侧模由生产厂家焊接成整体,侧模安装时推动侧模与底模接合面靠严,将端模与侧模连接处锥套、锥体上 M20 螺栓旋紧后再旋紧脱模装置上的紧定螺栓。

端模安装:端模由焊接组件、定位柱、圆弧形凸台、限位板组件、垫圈、M20 螺母、内六角螺钉组成。端模由生产厂家焊接成整体,端模安装时推动端模与底模接合面靠严,拧紧脱模装置上的紧定螺栓,使端模与底模贴严,同时也推动预埋套管定位装置中的压杆组件下拉预埋套管夹紧体,使预埋套管紧密的贴合到底模承轨台面上,装凸模与底模处螺栓并预紧。

模型清理:首先清除残留在端模、侧模上表面混凝土块,然后用软质钢丝球将残留在模型表面混凝土痕迹擦拭干净,最后用抹布将模型表面混凝土清除干净。模型清渣过程中必须将模型表面任何角落清除干净,不得有遗漏位置。清渣过程中产生的混凝土块或浮尘不得从定位销预留孔中排除。模型清渣以徒手擦拭无明显污染为度。模型清理时特别注意锚穴下部是否清理干净,因为此处是容易忽视且不容易看到的地方。图 3-8 描述的是哈大客专 6 号板场工作人员正在清理模型。

图 3-8　模型清理

脱模剂涂刷:模型清理完成后分两次涂刷脱模剂,涂刷时不得有漏涂现象,涂刷完成后的模型表面不得有明显的擦拭痕迹。模型底板表面可采用脱模剂喷洒,侧模、端模采用脱模剂直接涂刷。须特别注意锚穴下半部分脱模剂是否涂刷均匀。

绝缘套管安装:安装前必须将定位销表面清理干净,将套管与定位销拧紧。安装过程中不得采用榔头或其他硬质物质直接敲击绝缘套管,必须加软质垫层或橡胶锤头慢慢拍入。绝缘套管安装必须保证垂直度并与模型面板的缝隙不得超过 0.2 mm。

六、拆　模

1. 拆模条件

轨道板拆模时的混凝土强度必须达到 40 MPa,用同等养护条件的试件强度确定拆模时间。

拆模时,应确保轨道板芯部温度与表面温度、表面温度与厂房内环境温度的差值均不大于 15 ℃。

冬季施工期间,应适当延长蒸养过程中降温阶段的时间,尽量减少芯部温度与表面温度、表面温度与厂房内环境温度的差值,以防止板体表面混凝土产生早期裂缝。

2. 拆模流程

松开钢棒预紧螺栓并拆除→松开预埋件预紧螺栓(松开定位销锁紧装置)→松开模型锁紧装置→转动退模装置至侧模与板体表面脱离→安装起吊装置→转动顶升装置顶升板体→脱模完成。

3. 操作要点

脱模时,禁止生拉硬撬,以免造成模型局部变形或损坏板体混凝土。在本工程中,针对脱模困难的问题,我们在模板端部加设挡块,当脱模丝杆不能有效使用时,采用千斤顶脱模,有效解决了脱模问题。为了确保脱模的同步性,端模、侧模均采用整体模板,每块模板通过两个丝杠控制端侧模同步走行。

端模拆除通过松开端模固定装置及预应力钢棒预紧套管,采用端模顶杆将模板顶离轨道板端部后,通过底模滑道支架用人工往外将模板平行拉出。拆除过程应注意端模两端一端一人同时同步对称进行。

侧模拆除通过松开侧模固定装置及预应力钢棒预紧套管,采用侧模顶杆将模板顶离轨道板侧面后,通过底模滑道支架用人工往外将模板平行拉出。拆除过程应注意侧模两端一端一人同时同步对称进行。同一侧模型退模速度必须同步以避免划伤、挤伤轨道板或退模时带出 PC 钢棒。当侧模完全脱离后,用四台千斤顶板体将轨道板顶升离开绝缘套管。顶升过程必须平稳、缓慢且四台同步吊,不得有倾斜现象发生,以免损伤绝缘套管及其定位销。

脱模后定位销必须及时进行清理维护,脱模过程中如发现退模或板体顶升困难必须立即停止作业,重新检查模型、预埋件锁紧拆除情况并及时通知工程部或现场值班人员进行处理,不得擅自操作。

脱模后,须及时清点、收集紧固件,并在清理干净后涂抹机油,以备再用,如有损坏丢失,及时检修、配齐。

轨道板脱模翻转后立即清理扣件预埋套筒内杂物,杂物清理完毕后加盖封堵,保证预埋套筒内无杂质妨碍扣件旋入。

七、模具保养与维修

(一)日常检查

模型日常检查是指每天作业前都需要进行的检查,主要检查内容为:模型外观质量、平整度、倒角成型槽口、标识牌、定位销松紧及损坏、模型各定位连接件完好情况、振动器支架完好情况，退模装置和起板装置完好情况等。

模型的外观质量主要检查模型表面清渣、脱模剂涂刷质量，扣件预埋绝缘套管预留孔处是否有杂物、变形，承轨台位置定位装置凹槽内混凝土是否清理干净，模型四壁是否清渣彻底，各个配件、模型上表面是否存在裂纹和破损现象。

当模型大修、撞击、受热不均、定位销更换、预紧力过大等现象发生时均应进行全面检查。

当成品板外观质量或平整度检测偏差接近或超限时，也需要进行全面检查。

针对东北冬季严寒的气候条件，冬休期厂房下部土层冻结，复工后厂房里供暖升温，土层融化，土层冻融使模具基础发生不均匀升降，此时应加强检测，每天检查一遍，随时检查，随时调整。待平整度基本稳定之后，方可降低检测频次。

（二）模板定期检查维修

定期检查每月进行一次，内容包括长度、宽度、厚度和平整度、承轨台精度、定位销精度、预埋套管压紧系统等。

定期对活动部件（侧模滑动装置、拨叉转轴）进行润滑。

（三）模板大修

冬休期间，对平时使用中存在问题的模具进行拆解大修。必要时，请厂家派技术人员维修。大修完成后，需要对模具进行全面的检查，方可投入使用。

第五节　钢 筋 工 程

CRTS Ⅰ型无砟轨道板体内共有钢筋构配件 18 种。轨道板体钢筋采用分件加工、整体绑扎的作业方法，分件加工、整体绑扎分区组织、流水作业，从而保证加工质量，提高生产效率。

从轨道板预制生产线的工位布置中可以看出，钢筋骨架制作生产线相对独立，通过钢筋下料、加工、绑扎等工序最终形成，钢筋骨架。为了降低劳动强度，提高加工精度及加工效率，钢筋加工采用数控钢筋剪切生产线和数控立式钢筋弯曲中心组成的钢筋自动生产线。图 3-9 为钢筋加工区平面布置图，图 3-10 为哈大客专 6 号板场（灯塔）钢筋加工车间全景图。

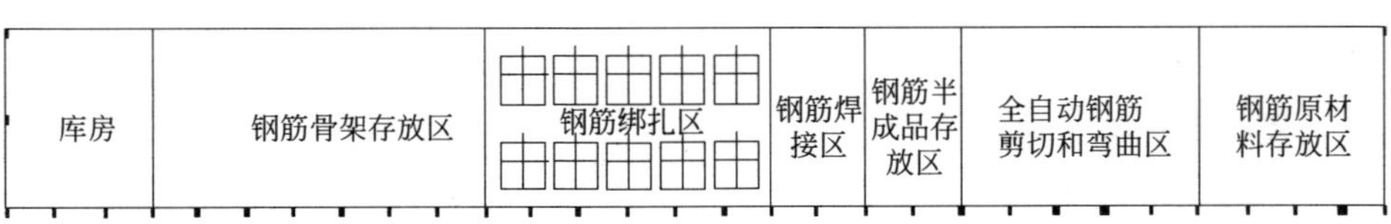

图 3-9　钢筋加工区平面布置图

图 3-10 哈大客专 6 号板场(灯塔)钢筋加工车间全景

一、钢筋工程施工工艺流程

钢筋工程施工工艺流程如图 3-11 所示。

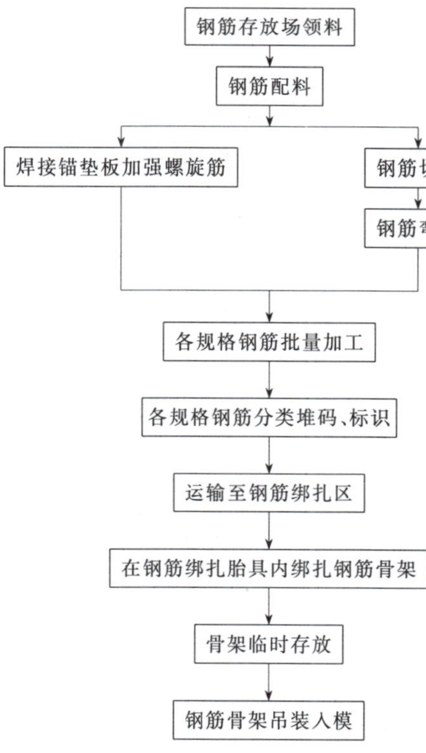

图 3-11 钢筋工程施工工艺流程图

二、钢筋胎具

轨道板钢筋加工胎具按照其施工工艺分为钢筋焊接胎具和钢筋绑扎胎具，要求依据施工图纸结合预埋件的具体位置进行准确定位。验收合格后方能进行钢筋工程的批量生产。胎具按照工装设备的要求进行管理，需要定人定期检查、维修和记录。

(一)钢筋焊接胎具

为保证综合接地钢筋焊接质量和钢筋骨架的尺寸，需设置钢筋焊接胎具，在胎具上焊接成型。

钢筋焊接胎具的型号依据轨道板的型号主要分为 P4962 型、P4856 型、P3685 型(P4856A 型、P4962A 型通用)三种。胎具的数量按照钢筋焊接加工的数量和施工效益综合考虑。

焊接胎具在设置时必须先确定位接地端子的位置，可采用定位螺帽的方式进行定位。在接地端子设置好后再进行纵横向钢筋的布设。

(二)钢筋绑扎胎具

钢筋的绑扎胎模主要是控制钢筋的位置和间距。加工型钢施工平台并与地面连接，保证平台牢固、稳定，将木胎模和型钢施工平台连成一体。按照图纸设计的间距要求，在木胎具上割槽口，将待绑扎钢筋卡在槽里保证钢筋间距的准确性。在胎模具的四边用方木作支挡，绑扎时将纵、横向筋的弯钩贴紧此方木，保证钢筋保护层厚度均匀，并且不超出允许误差范围。

为保证钢筋骨架安装时不与预埋件相冲突，钢筋胎具切割槽口前，将轨道板内预埋件位置在胎具周边作以标记，如预埋件与钢筋位置相冲突，适当调整钢筋位置。钢筋绑扎胎具可采用 5 cm 厚木板和 10.5 cm×5 cm 方木加工而成(P4962、P4856、P3685 型轨道板钢筋胎具平面图见图 3-12～图 3-14)。

绑扎胎具的配置型号同轨道板的预制型号，绑扎胎具的数量可参照一个胎具对应 8～12 套预制模型配置。

钢筋胎具制作完成应经专职部门检验合格后方可投入使用，日常使用过程中台架每月检查一次。主要检查预扎台架的完好程度，钢筋定位槽口磨损变形是否符合要求，各部分尺寸是否符合要求。

三、钢筋加工

1. 钢筋加工数控化技术

钢筋加工包括钢筋下料切断、弯制环节，主要为钢筋绑扎作业提供钢筋构件。为了提高钢筋加工精度和生产效率，哈大客专多数轨道板场钢筋加工购进了钢筋自动加工

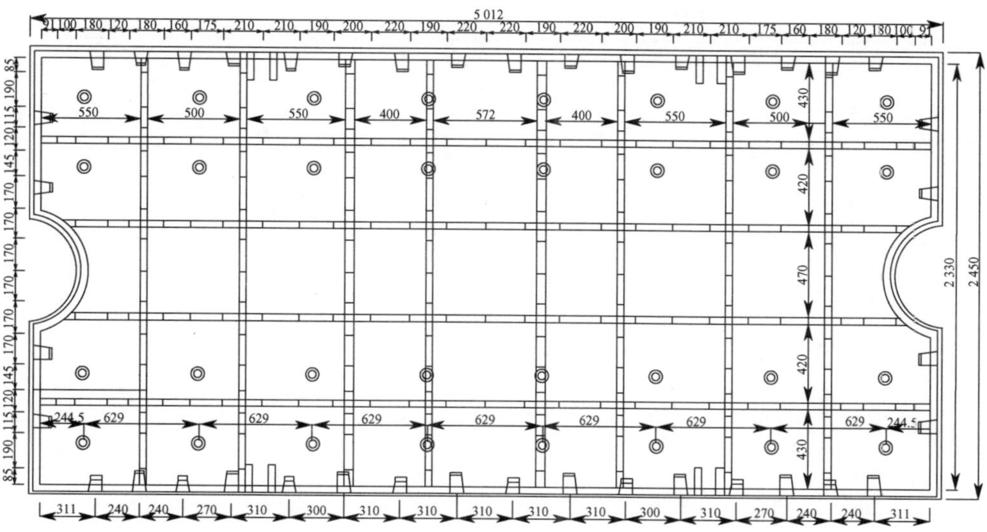

图 3-12 P4962 型轨道板钢筋胎具平面图(单位:mm)

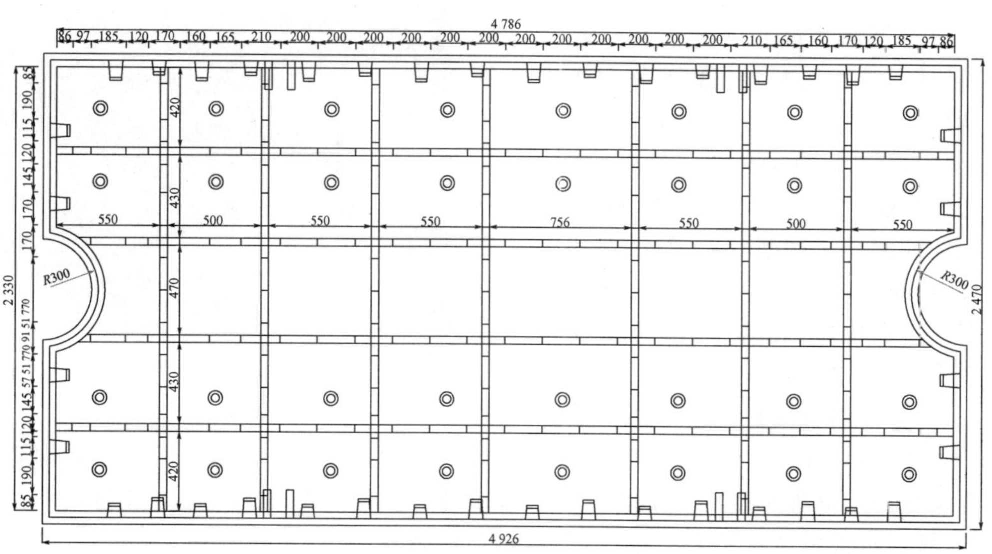

图 3-13 P4856 及 P4856A 型轨道板钢筋胎具平面图(单位:mm)

成套设备,该成套设备主要由数控钢筋切断机和数控钢筋弯曲机组成,操作方便、生产速度快、精度高,实现了钢筋加工数控化的目标。

钢筋数控加工设备图片详见图 3-15。

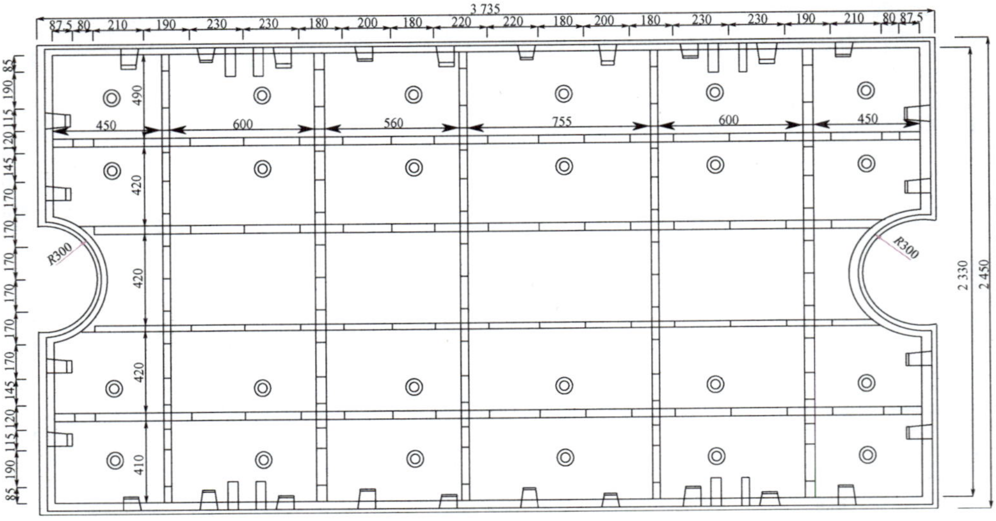

图 3-14　P3685 型轨道板钢筋胎具平面图(单位:mm)

(1)数控钢筋切断机机械性能特点

数控钢筋切断机采用 CNC 及 PLC 系统,可任意设置切断长度以及按设置的任务类别连续工作,输送速度快,定尺切断精度高;斜刀口设计、气动离合式剪切,故障率低,剪切能力强;多挡板设计,定位速度快,避免出现钢筋滑动或切断长度超差;凹槽式刀片设计,防止钢筋剪切时侧移;钢筋料架输送装置可正反向旋转,灵活传送钢筋。防跳动自动压紧装置,安全可靠性高。

图 3-15　自动输送架和立式弯曲机

(2)数控钢筋弯曲中心机械性能特点

数控钢筋弯曲中心可与数控式钢筋剪切生产线配套使用,也可单独工作,将钢筋进行自动化高质量弯曲加工;钢筋输送台有多个动力辊轮组成,完成钢筋自动输送和存料作用,输送辊采用高质量橡胶表层,降低噪声,提高效率;举升机构由气动控制,可将钢筋自动定位到双弯曲机头上,并将已经弯曲的钢筋传送到储料仓上,降低了劳动强度。

2. 环氧涂层钢筋加工

环氧涂层钢筋的加工也采用钢筋自动加工成套设备,环氧涂层钢筋存贮、加工除满足普通钢筋加工要求外,还应符合表 3-17 规定。

表 3-17　环氧涂层钢筋加工质量要求

序号	质量要求
1	环氧涂层钢筋现场存放时间不宜超过 6 个月。当环氧涂层钢筋在室外存放的时间需要 2 个月以上时，采取具有抗紫外线照射性能的塑料布进行包装，避免阳光、盐雾和大气暴露的影响
2	剪切与冷弯环氧涂层钢筋时，所有接触环氧涂层钢筋的支座和芯轴等接触区均应配尼龙套筒或其他合适的塑料套筒
3	涂层钢筋进行弯制时，对直径不大于 20 mm 的钢筋，其弯曲直径不应小于 4 d
4	加工成型的钢筋构件应轻拿轻放、摆放整齐，严禁与普通钢筋构件混堆，严禁人员在其上行走，防止工具或重物跌落其上，以免损伤钢筋涂层

四、钢筋焊接

钢筋焊接施工主要是轨道板 L 型钢筋和接地端子尾部圆钢两种构件的焊接，焊接均采用电弧焊，焊接在专用焊接胎具上进行（如图 3-16 所示）。施焊时，引弧在搭接钢筋的一端开始，收弧在搭接钢筋端头上，弧坑须填满。多层施焊时，第一层焊缝须有足够的熔深，主焊缝与定位焊缝特别是在定位焊缝的始端与终端，须熔合良好，焊接过程中及时清渣，焊缝表面光滑平整。

图 3-16　接地端子焊接

1. 焊接一般要求

焊缝长度须满足设计要求，单面焊：≥100 mm，双面焊：≥55 mm；焊缝高度 $h \geq 0.3$ d，并不得小于 4 mm，焊缝宽度 $b \geq 0.8$ d，并不得小于 8 mm。

2. 质量检查

电弧搭接焊的接头逐个进行外观检查，并符合下列规定：

（1）用小锤敲击接头时，钢筋发出与基本钢材同样的清脆声。

（2）电弧焊接头的焊缝表面平顺，无缺口、裂纹和较大的金属焊瘤，其缺陷和尺寸的允许偏差须符合表 3-18 电弧焊钢筋接头的缺陷和尺寸偏差允许值的规定。

表 3-18　电弧焊钢筋接头的缺陷和尺寸偏差允许值

序号	名称	单位	允许偏差值
1	焊缝高度	mm	$^{+0.05d}_{0}$
2	焊缝宽度	mm	$^{+0.10d}_{0}$
3	焊缝长度	mm	$-0.5d$

续上表

序　号	名　　称	单　位	允许偏差值
4	咬入深度	mm	$-0.05d$
		mm	0.5
5	在长 $2d$ 的焊缝表面上，焊缝气孔及夹渣的数量和大小	个	2
		mm^2	6
备注： 1. d 的钢筋直径(mm)； 2. 当表中的允许偏差在同一项目内有 2 个值时，须按其中较严的数值控制； 3. 外观检查不合格的接头，经修整或补强后可提交二次验收			

五、轨道板钢筋骨架绑扎

为了保证钢筋绑扎精度，板体钢筋骨架在钢筋绑扎胎具上进行整体绑扎，钢筋绑扎胎具一般采用松木制造，钢筋绑扎完成经检查合格后运输至混凝土灌注区并挂上相应标识牌，利用桁车整体吊装入模。

(一)钢筋骨架绑扎

钢筋绑扎前先核对成品钢筋的钢号、直径、形状、尺寸和数量是否与料单或设计图纸、交底相符，如有错漏，须纠正增补。

钢筋采用绝缘扎丝绑扎，绑扎应满足以下要求：

①钢筋交叉点用绝缘扎丝绑扎结实；

②除设计特殊规定者外，板中架立筋、加强筋与主筋垂直(或平行)；

③绑扎用的绝缘扎丝头要向内弯，不得伸入保护层内；

④在钢筋交叉点处，按逐点改变绕丝方向(八字形)交错扎结，或按双对角线(十字形)方式扎结。

轨道板钢筋绑扎尺寸偏差应符合表 3-19 要求。

表 3-19　轨道板内钢筋位置允许偏差

序　　号	项　　目	要　　求	检查方法
1	普通钢筋	±5 mm	钢尺测量
2	螺旋筋	±5 mm	
3	钢筋保护层	+5 mm	量垫块
4	预应力筋	±1 mm	尺量
5	箍筋间距	±10 mm	钢尺测量

(二)混凝土保护层垫块

在钢筋与模板间设置保护层垫块，垫块设置位置为侧面和底部，垫块厚度为

35 mm，其抗腐蚀能力和抗压强度不低于 C60 混凝土耐久性和强度要求，其耐久性指标、强度均需要提交试验报告。

垫块须呈梅花形布置，并尽量靠近钢筋交叉点处，板体侧面和底面的垫块至少 4 个/m^2，板底面沿板体纵向布设五列，呈梅花形布置。

垫块绑扎时使纵向分布筋卡入垫块凹槽，扎紧绑线，使垫块不可随意串动。所有垫块都在钢筋骨架安装就位前绑扎。绑扎垫块绑线头不得伸入保护层内。

保护层垫块尺寸应保证钢筋混凝土保护层厚度准确，其形状(宜为工字形或锥形)应有利于钢筋定位。

根据“哈大客专通(轨)01”设计图，保护层厚度为 35 mm，混凝土保护层垫块制作厚度允许误差：0，+5 mm。

六、钢筋骨架吊装、存放及运输

钢筋骨架存放时，每层之间应用方木条隔开，且应轻起轻放防止环氧涂层钢筋的涂层被损坏，并应采取措施防止倾覆。木条的位置和数量以保证钢筋骨架不变形为准。

钢筋骨架运输应采取相应的隔离、限位保护措施。骨架上、下车应轻起轻放。吊装过程中不得直接吊装环氧钢筋，应采用方木条、塑料等柔性物质作为起吊介质，吊装应平稳起吊，缓慢就位。

七、钢筋骨架及预应力钢棒安装

钢筋骨架入模前，首先应确认轨道板模型是否清理干净，与模型有关的各种日常检测是否进行，各项检测指标是否合格。

骨架入模后，如钢筋骨架产生偏斜、扭曲，应进行调整并确保保护层厚度。对发生松动或损坏的混凝土垫块进行调整或更换。

预应力钢棒安装时，应在两端同时拧紧，保证两端钢棒长度基本相当。规范要求，预应力钢棒的位置允许偏差为±1 mm，每块轨道板抽取两根纵向钢棒和一根横向钢棒，使用深度游标卡尺检测钢棒到底模的距离。纵向钢棒长度较长，容易弯曲下垂，应严格控制安装精度。

八、预埋件安装检验

CRTS Ⅰ型轨道板预埋件安装包括绝缘套管、综合接地端子、起吊套管等，安装过程中必须保证型号、位置准确、数量齐全、安装牢固。绝缘套管安装及检查详见图 3-16、图 3-17。各型号轨道板预埋件数量统计见表 3-20，各种预埋件检查方法及频次见表 3-21。

图 3-17　绝缘套管安装

图 3-18　预埋绝缘套管与底模连接检查

表 3-20　轨道板主要预埋件数量统计

序号	轨道板型号	预埋套管	起吊套管	接地端子	锚垫板	螺旋筋
1	P4962	32	8	2	48	88
2	P3685	24	8	2	36	68
3	P4856	32	8	2	48	88
4	P4856A 厂	32	8	2	48	88
5	P3685B 厂	24	8	2	36	68
6	P4856B 厂	32	8	2	48	88
7	P5500	36	8	2	52	78

表 3-21　各种预埋件检查方法及频次

<table>
<tr><th>序号</th><th>项目</th><th>检查内容及方法</th><th>检查频次</th></tr>
<tr><td>1</td><td>预埋套管</td><td>预埋套管安装完成后进行如下检查：①用橡皮锤敲击套管顶部，如果套管弹起，说明定位柱没有压紧，再检查拨叉顶紧系统和勾爪；②用手反拧套管，检查套管是否拧紧在定位柱上，如果能拧下，则打开压紧系统，取出定位柱，重新将套管拧紧在定位柱上；③用塞尺检查套管底口与模板间拼缝是否符合规范要求</td><td rowspan="6">100%检查</td></tr>
<tr><td>2</td><td>起吊套管</td><td>手拧，检查是否松动</td></tr>
<tr><td>3</td><td>接地端子</td><td>检查接地端子紧固螺栓是否将之固定在模板上</td></tr>
<tr><td>4</td><td>锚垫板</td><td>手拧，检查是否松动，如果松动，则将锚垫板绑扎在上下层钢筋上；观察锚垫板与锚穴之间是否有缝隙，如果有缝隙，则用錾子敲紧</td></tr>
<tr><td>5</td><td>PC 钢棒</td><td>每块板抽两根纵向钢棒和一根横向钢棒，使用深度游标卡尺测位置误差。除抽查外，其余钢棒眼睛观察，以平直为准</td></tr>
<tr><td>6</td><td>螺旋筋</td><td>眼睛观察，是否扣在套管上下小孔内</td></tr>
<tr><td>7</td><td>拨叉顶紧装置</td><td>眼睛观察是否顶紧；检查顶紧螺栓固定台是否开焊，如有开焊，则立即补焊</td><td>每周循环检查</td></tr>
<tr><td>8</td><td>定位柱</td><td>检查套管螺纹是否有损坏；检查弹簧是否松弛；检查底部螺帽是否松动</td><td>每周循环检查</td></tr>
</table>

九、钢筋骨架绝缘性能检测

混凝土浇筑前，应用 500 V 兆欧表测量确认钢筋骨架的绝缘性能，电阻应不小于 2 MΩ。如检测不合格，不得浇筑混凝土，应查明原因并调整，直至合格方可浇筑混凝土。

钢筋骨架绝缘性能测试方法：摇动 500 V 兆欧表，测试骨架上层纵向、横向两相邻钢筋间，下层纵向、横向两相邻钢筋间，上层与下层钢筋间的电阻值，如果兆欧表电阻值不小于 2 MΩ，则表明该骨架钢筋绝缘。如在检测过程中出现兆欧表电阻值小于 2 MΩ 时，则表明钢筋间形成回路，应立即对该根钢筋进行处理，直至合格。

每个板厂应配置一定数量的绝缘薄垫片，用于钢筋回路电流测试不合格的绝缘处理。

十、钢筋工程主要技术指标（表 3-22、表 3-23）

表 3-22　钢筋加工允许误差和检验方法

序　　号	项　　目	允许偏差(mm)	检查方法
1	受力钢筋全长	$^{0}_{-10}$	用钢卷尺测量
2	箍筋内净尺寸	±3	用钢卷尺测量

表 3-23　混凝土轨道板内钢筋位置允许偏差

序　　号	项　　目	允许偏差(mm)	检查方法
1	普通钢筋	±5	用钢卷尺测量
2	螺旋筋	±5	
3	钢筋保护层	$^{+5}_{0}$	量垫块
4	预应力筋	±1	尺量

第六节　混凝土工程

一、混凝土工程工艺流程

混凝土工程施工工艺流程如图 3-19 所示。

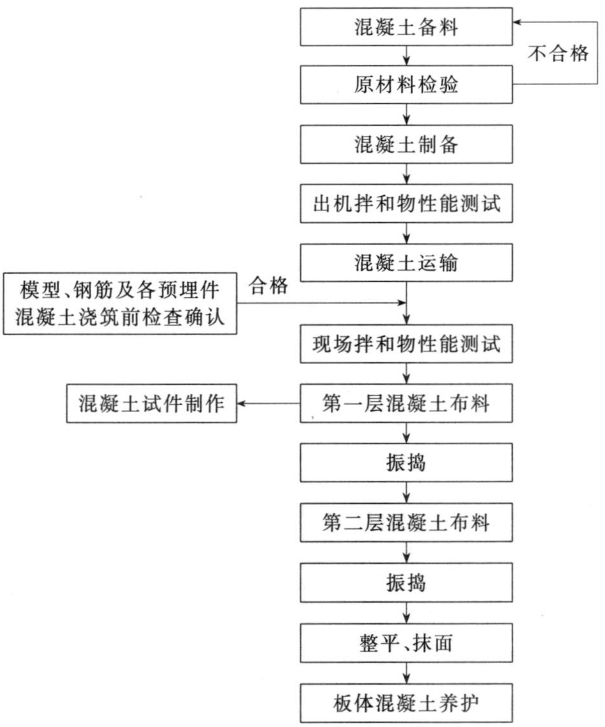

图 3-19　混凝土工程工艺流程图

二、混凝土浇筑前条件确认

混凝土浇筑前应再次对应对模板的密封情况进行检查确认，钢筋及预应力钢棒的位置和间距、钢筋绝缘性能等应满足要求;绝缘套管、起吊套管及接地端子等预埋件的安装位置应准确无误,在各项条件满足规范及设计要求后进行工序交接,开始浇筑混凝土。

三、配合比设计

根据"CRTS Ⅰ型板式无砟轨道标准轨道板设计图"哈大客专通(轨)01设计要求,轨道板板体混凝土强度等级为C60,静力抗压弹性模量为36.5 GPa。混凝土试生产前应采用所选用的水泥、骨料、掺和料、外加剂等原材料制作抗冻性、电通量试件各一组,进行耐久性试验。混凝土各项技术指标要求如下:

(1)胶凝材料用量:胶凝材料总量不宜超过500 kg/m^3。

混凝土水胶比不应大于0.35。

混凝土含气量不大于3%。

(2)碱含量:混凝土总碱含量不应超过3.5 kg/m^3。当骨料具有潜在碱活性时,总碱含量不应超过3.0 kg/m^3。

氯离子含量:由水泥、掺和料、砂、石、外加剂和水带入混凝土的氯离子总量应不超过胶凝材料总量的0.06%。

(3)混凝土拌和物性能

混凝土的坍落度一般按60~100 mm进行控制。

含气量:混凝土的入模含气量应不大于3%。

泌水率:混凝土入模后不得泌水。

(4)混凝土的抗裂性

对混凝土拌和物性能满足要求的试拌配合比进行抗裂性对比试验,选择抗裂性相对较好的混凝土配合比进行耐久性试验。

(5)混凝土的耐久性能

电通量:混凝土电通量应小于1 000 C。

抗冻性:混凝土抗冻性应满足D300的要求。

四、混凝土工程施工准备

施工准备包括材料准备、技术准备、设备及劳动力准备,同时应制定保证混凝土连续灌注的应急预案等。

(一)原材料进场

(1)原材料进场后,经复检合格,报监理工程师审查后方可使用。

(2)材料应分类堆放,标识清楚。

(3)砂石料入仓前要进行检查,如发现黏土块、泥污含量超过标准不得使用。

(4)料仓不得混料,严禁混料进行施工。

(5)料仓每月应冲洗一至二次,保持干净。

(6)各板厂应分别配置混凝土粗细骨料清洗设备,并对粗细骨料进行清洗,确保粗细骨料含泥量、泥块含量指标符合要求。

(二)开盘准备

(1)取得施工配合比通知单,确认本次浇筑混凝土的骨料、水泥、掺和料、外加剂等已检验合格。

(2)混凝土搅拌站和输送设备处于正常状态,称量器具已检查校正。

(3)机具应进行试运转,并确认状态良好。

(4)附着式振动器已调试完毕。

(5)水电供应系统正常,意外停水、停电的备用措施已落实。

(6)容易损坏的机具和零部件有备用品,发生机械故障有应急方案。

(7)技术交底、劳动力(包括后备人员)、机电维修力量配备安排落实。

五、混凝土配料和计量

(1)混凝土配料必须严格按试验室通知单进行,并应有试验人员在现场进行施工控制。

(2)混凝土原材料配料采用自动计量装置,计量设备每 12 个月系统校验 1 次,每班施工前要校核电子秤及其他计量器具,根据施工配合比调整用料,并由试验人员复核,如施工中发现异常时应及时校核。根据规范要求,原材料的称量偏差误差(均以质量计)为:

水、外加剂、水泥、掺和料≤±1%;砂、石≤±2%。

(3)每次开盘前应进行骨料含水率测定,每班抽测 2 次,遇有雨雪天气增加测定次数,并根据测试结果、环境条件、工作性能要求等及时调整施工配合比。用水量的调整应由工地试验人员决定,其他任何人均不得擅自调整用水量,混凝土拌和物出机后严禁加水。

六、混凝土搅拌

混凝土施工配合比按试验室当日出具的配料单执行。混凝土的投料顺序:依次先下细骨料、水泥、掺和料,搅拌均匀后,再加拌和用水和减水剂,待砂浆充分搅拌后再投入粗骨料,并继续搅拌至均匀为止。总搅拌时间为 2～3 min,且混凝土必须搅拌均匀,颜色一致。

混凝土拌制速度和灌注速度要密切配合,拌制服从灌注,以免灌注工作因故障停顿而使机内储存混凝土。如因故障灌注中断,常温下混凝土滞留在搅拌机内的时间不宜超过 30 min,最长不应超过混凝土的初凝时间(初凝时间应根据水泥性能、环境温度、水胶比和外加剂类型、运输距离等条件通过试验确定)。

七、混凝土运输

混凝土运输采用汽车或轨道小车运输，装料前应仔细检查料斗有无润湿、积水、料斗内壁黏附的混凝土是否清除干净。

混凝土制备好后卸入放置在汽车或轨道小车上的料斗里，运输至生产车间，通过桁车起吊料斗至模具上方，打开料斗出料口，同时开启料斗上平板振动器，将混凝土卸至轨道板生产模具中。

每天工作后或浇筑中断 45 min 及以上时间再行搅拌混凝土时，必须再次清洗漏斗。

混凝土运输车、料斗数量需满足运输能力和浇筑速度的需要，保证浇筑过程连续进行。

八、混凝土灌注

混凝土拌和物入模温度应为 5 ℃～30 ℃，混凝土入模含气量不大于 3%，混凝土坍落度控制在 60～100 mm。当环境昼夜平均气温连续 3 天低于＋5 ℃或最低气温低于－3 ℃时，应采取冬季施工措施，并按冬季施工处理；

混凝土灌注过程中，应对混凝土拌和物的坍落度、入模温度和含气量进行测定，测定值应符合理论配合比的要求，坍落度偏差不宜大于±20 mm。施工单位每拌制 50 m^3 或每工作班测试不应少于 1 次。

混凝土应一次灌注成型，不得增补或接长，采取混凝土从模型一端向另一端延伸的办法布料。混凝土浇筑分两层连续进行，布料均匀，严禁浇筑间隔超过混凝土的初凝时间。

混凝土采用附着式振捣器进行振捣。第一层布料完成后，充分振捣后再放入另一层混凝土。第二次振捣过程中注意将局部多余混凝土铲掉，混凝土不够的地方及时补料、振平。每层布料厚度约 10 cm，振捣时间根据混凝土密实情况可适当调整。

振动器控制箱操作人员必须仔细观察混凝土表面，防止漏振、欠振和过振，以混凝土无明显下沉、无明显气泡、表面泛浆为度。

侧振延续时间，由现场负责灌注人员掌握并统一指挥。待浇筑的混凝土不再下沉，表面泛浆并无大量气泡溢出时即可停止振动。混凝土振动时间不宜过长，以免混凝土发生离析现象。

附着式振动器每次工作时间控制在 3 min 左右，最长不超过 5 min。

振捣密实后，紧随采用振动整平梁进行赶光压面，压面时严禁洒水。振动后用抹子抹平混凝土表面，注意填边填角。表面抹平但不进行压光处理，终凝前严禁踩踏。收完面后，将侧模、端模边上等处的混凝土清理干净。

在混凝土浇筑振动过程中，巨大的振捣力可能导致模具上的所有螺栓和螺帽松动、滑落，尤其是预埋套管的压紧系统发生松动滑落的几率最大，控制起来最为困难。因此，所有螺栓和螺帽必须要有锁紧装置。振动过程中，必须检查各种螺栓及紧固件是否松动、脱落。如发现问题必须及时处理。

混凝土抹面后，及时覆盖棚布，静停保温。

及时填写混凝土施工记录。

图 3-20 为哈大客专 6 号板场混凝土浇筑照片。

图 3-20　混凝土浇筑

第七节　预应力施工

哈大客专 CRTS Ⅰ型无砟轨道板设计为双向后张法预应力混凝土结构，预应力体系由预应力钢棒、锚固螺母、锚垫板及螺旋筋四部分组成。其中预应力钢棒采用公称直径为 13 mm 的低松弛钢棒，钢棒端部螺纹采用滚轧成型，配套采用锚固螺母；预应力筋无黏结方式采用护套包裹，护套材料采用压缩成型的挤塑型高密度聚乙烯树脂。

预应力施工是 CRTS Ⅰ型无砟轨道板预制过程中关键工序之一，在哈大客专轨道板预制生产初期，预应力施工采用油泵驱动千斤顶进行张拉，操作人员通过肉眼观察压力表读数控制张拉力，目测张拉伸长值进行双控的传统的施工工艺。这种张拉技术精度差、效率低下，张拉的成败在某种程度上取决于操作人员的操作。为了保证 CRTS Ⅰ型无砟轨道板的施工精度，提高效率，哈大客专首次在国内 CRTS Ⅰ型板预应力施工中采用了自动张拉技术，使张拉力和伸长值得到精确控制，减少了人为因素对于产品质量的影响；使初张拉力、终张拉力、补压拉力和保压时间均得到精确控制，实现了对预应力钢棒张拉过程的全程自动控制。

一、预应力钢棒下料

预应力钢棒采用工厂下料，定尺采购。各板型预应力筋下料尺寸见表3-24。

表3-24 预应力钢棒下料长度

序号	板型	预应力筋方向	钢棒长度(m)	光杆长度(m)	护套长度(m)	根数
1	P4962	横向	2 335	2 220	2 246	16
		纵向	4 882	4 732	4 778	8
2	P3685(A)	横向	2 335	2 220	2 246	10
		纵向	3 605	3 455	3 501	8
3	P4856(A)	横向	2 335	2 220	2 246	16
		纵向	4 776	4 626	4 672	8

二、预应力钢棒定位及安装

(一)预应力钢棒及锚垫板定位

为了提高生产效率，确保预应力钢棒准确就位，相关单位研发了磁力预应力钢棒快速定位系统，通过在锚穴成孔器上预加磁性，使锚垫板安装时快速对位，从而达到预应力钢棒快速定位的效果。端锚、边锚定位器分别如图3-21、图3-22所示。

图3-21 端锚定位器

图3-22 边锚定位器

(二)预应力钢棒安装及预紧

预应力钢棒安装前检查钢筋骨架安装是否合格，模板是否清理干净。

安装顺序：由纵向下层到横向再到纵向上层，由左向右。安装时两端统一协调，安装后要逐根按产品图核对，以确认是否符合要求。

预应力钢棒安装完成后，混凝土浇筑前应对预应力筋进行预紧，保证预应力筋平直，锚垫板承压面与预应力筋垂直。利用钢棒定位螺栓对预应力钢棒进行预紧，钢棒外露长度应符合设计要求。

三、预应力张拉实测及理论伸长值的计算。

(1)实测伸长值的计算。

(2)横向预应力筋伸长值。

横向预应力筋伸长值＝油缸伸长(控制)－油缸伸长(初始)

(3)纵向预应力钢棒伸长值为：

总伸长值＝油缸伸长(南端控制)－油缸伸长(南端初始)＋油缸伸长(北端控制)－油缸伸长(北端初始)

(4)理论伸长值的计算。

①工作锚之间预应力筋理论伸长值按下式计算

$$\Delta L = NL/EA$$

式中 N——张拉控制应力(N)；

L——横向为张拉端工具锚与固定端工作锚之间的预应力筋长度，纵向为工具锚之间的预应力筋长度(mm)；

E——预应力筋的弹性模量(N/mm^2)，试验确定；

A——预应力筋截面积(mm^2)，取132.73 mm^2。

②伸长值的允许偏差

根据规范要求，轨道板张拉质量实行“双控”，即以油表读数控制为主，实测伸长值作为校核。因此预应力筋实测伸长值作为控制张拉质量的重要指标之一，其合格与否尤为重要。预应力筋实测伸长值偏差是与理论伸长值比较得出的，其偏差不允许超过理论计算伸长值±1 mm。

在张拉控制应力(取图纸设计值)、预应力筋的弹性模量($E=2\times105$ N/mm^2)，前提下计算伸长值如下表3-25按设计参数计算理论伸长值。施工中理论伸长值按以上参数的试验数据计算。

表3-25 按设计参数计算理论伸长值

轨道板型号	横向伸长值(mm)	纵向伸长值(mm)
P4962	11.2	2×11.2
P3685(A)	11.2	2×8.3
P4856(A)	11.2	2×11.0

四、张拉顺序

预应力张拉顺序为先横向后纵向。横向预应力筋采用单向张拉，固定端预应力筋螺纹外露量控制在 8～10 mm；纵向预应力筋为从中间向两侧，两端同步张拉，并应保证预应力筋两端伸长量基本一致。轨道板张拉顺序详见图 3-23。

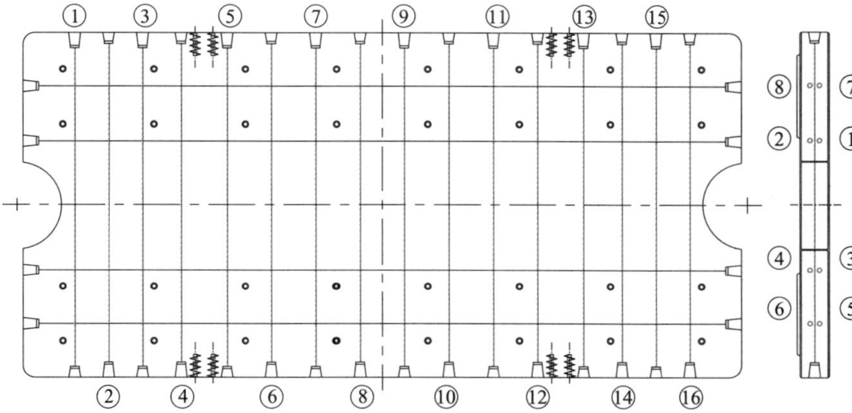

图 3-23　轨道板张拉顺序

轨道板横向张拉力 127 kN，纵向张拉力 122 kN，纵向张拉伸长量 2×11.2 mm，横向张拉伸长量 11.2 mm，伸长量误差不应超过 1 mm。

五、传统预应力张拉工艺流程

传统预应力张拉，是指张拉时靠操作人员肉眼观察油表读数和用尺量实测伸长值进行张拉控制的传统张拉方法。传统预应力工程施工工艺流程如图 3-24 所示。

（一）自动张拉系统的结构组成

自动张拉系统设备主要由液压系统、测力系统、位移测量系统和控制系统四部分组成。哈大客专多数制板厂自动张拉设备基本都采用以下结构设计：一个液压站为四个千斤顶提供动力，四个独立的电控换向阀组分别控制四个千斤顶，控制信号对阀组的控制，可实现千斤顶的加压、卸压及保压；在千斤顶的液压油路中安装有压力传感器，将千斤顶的压力信号传送到控制器，千斤顶上安装有位移传感器，可将千斤顶的位移信号传送到控制器。控制器由可编程控制器（PLC）、触摸显示屏（HMI）和数字采集器组成。千斤顶的位移信号及压力信号通过控制器上的数字采集器传送到 PLC，操作者通过触摸屏设定张拉方式、张拉力、持荷时间等参数，启动张拉设备，系统自动完成张拉。其结构组成如图 3-25 所示。轨道板自动张拉设备如图 3-26、图 3-27 所示。

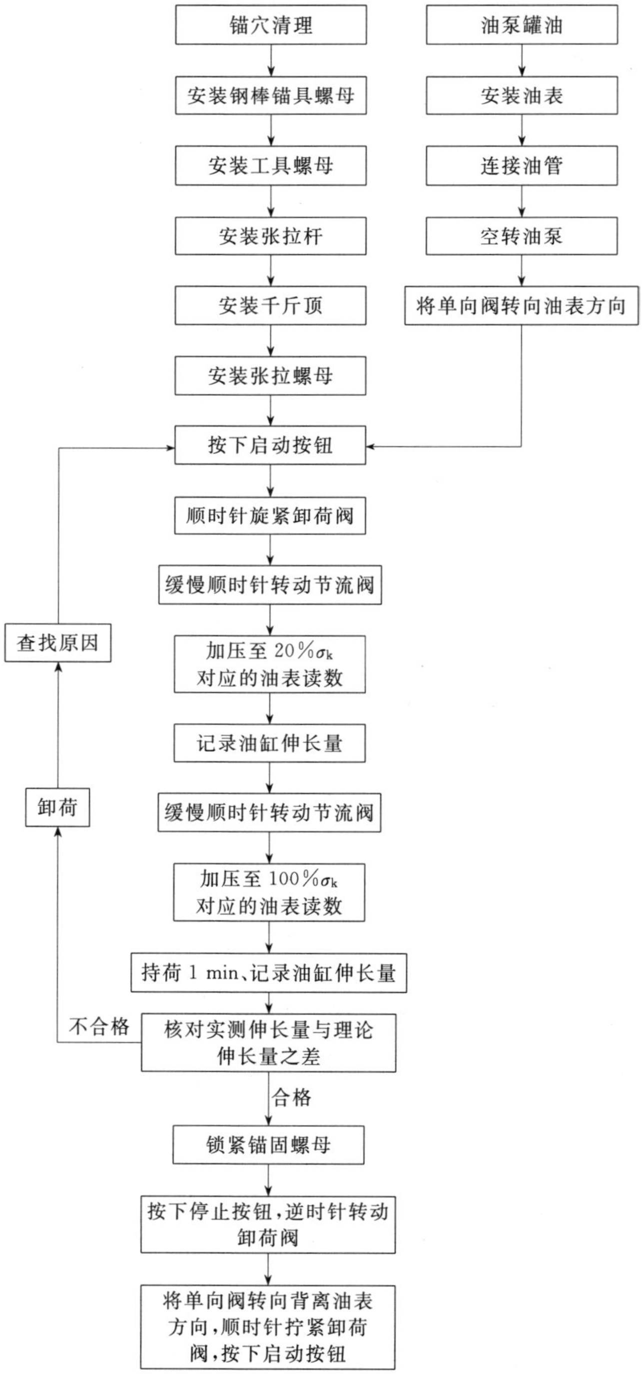

图 3-24 传统预应力施工工艺流程

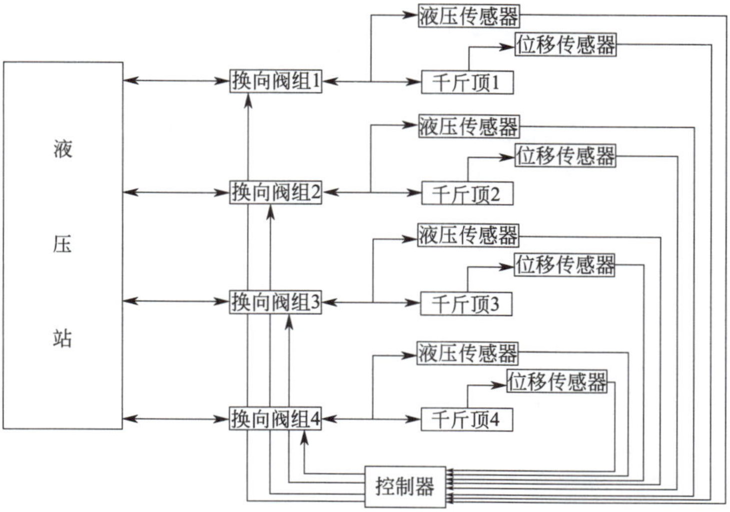

图 3-25　自动张拉系统设备结构组成

图 3-26　轨道板自动张拉系统

图 3-27　轨道板自动张拉系统

(二)预应力自动张拉系统的技术指标(表 3-26)

表 3-26　张拉系统技术指标

序号	项　目	技术指标
1	测力系统精度	0.5%FS

续上表

序号	项　目	技术指标
2	位移测量精度	0.5 mm
3	双顶对拉不平衡度	0.5 kN
4	液压站工作电压	380±10%
5	控制系统工作电压	220±10%
6	使用温度	15 ℃～50 ℃

(三)预应力自动张拉系统的设备配置

预应力自动张拉系统的设备配置因不同厂家的配置而不同，表 3-27 为某厂生产的 YT-Ⅰ型自动张拉系统设备配置表。

表 3-27　YT-Ⅰ型自动张拉系统设备配置表(一拖四)

序号	名　称		参数	单位	数量
1	液压系统	液压站	63 MPa，2 L/min 带变频系统	台	1
		千斤顶	48.5 MPa，100 mm 行程	台	4
		高压油管	6 m 带接头	根	8
2	测量系统	采集仪表	4 路压力，4 路位移	台	1
		位移传感器	精度±0.5 mm	支	4
		液压传感器	50MPa，0.5%FS	支	4
3	控制系统	PLC	32EH00R2	台	1
		触摸屏	3.8 单色	块	1
		开关电源	24 V，3 A	台	2
		控制柜	4 路控制	套	1
		打印机	热敏	台	1
		测力传感器	180 kN，0.1%FS	个	1
		标定仪表	DS822-X3	台	1
备注："一拖四"是指一套控制系统和一个液压站可以支持四个千斤顶同时工作					

(四)自动张拉系统的主要特点

1. 引入压力及位移传感器、精度更高

传统张拉设备是由油泵驱动千斤顶进行张拉作业，压力表读数控制张拉应力。在轨道板预制初期，哈大客专采用的是一泵带一顶的传统张拉设备，在人工驱动油泵进行张拉作业时，张拉精度无法保证规范要求。

以下是哈大客专长春 12 号轨道板预制场传统张拉设备和全自动张拉设备的校验记录。

表 3-28 为长春市计量局提供的传统张拉设备千斤顶压力表配套校验数据及校验图。

表 3-28　传统张拉设备校核记录

指示器示值（MPa）	载荷（kN）				示值重复性（%）	校验系数
	1	2	3	平均		
5	28.30	28.70	28.50	28.50	1.4	1.03
10	58.50	58.00	58.50	58.33	0.9	1.01
15	89.00	88.40	88.70	88.70	0.7	1.00
20	115.20	115.30	116.30	115.60	1.0	1.02
25	143.40	144.40	143.40	143.73	0.7	1.02
30	172.30	173.50	173.40	173.07	0.7	1.02
校验系数平均值			1.02			
b=5.748 2		a=0.728 7		相关系数	r=0.999 843 604 459 3	
千斤顶校验回归方程 F=5.748 2P+0.728 7						

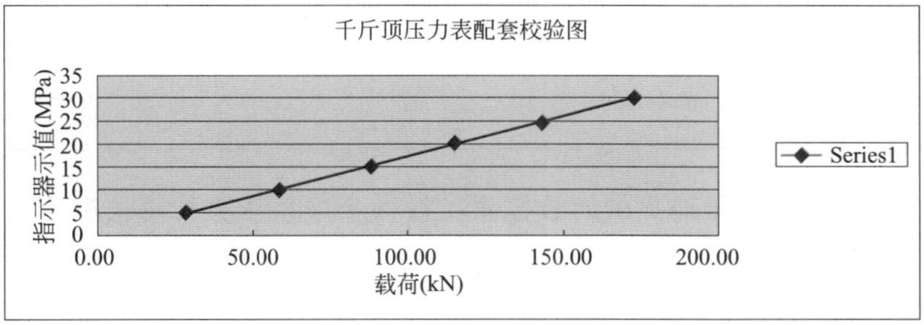

板场起先使用的传统张拉设备中压力表为 0.4 级，最小刻度为 0.5 MPa，根据表 3-26 中提供的回归方程我们可以计算出当 P=0.25 MPa 时所对应的 F 值：

$$F=5.748\,2\times0.25+0.728\,7=2.165\,8\ \text{kN}$$

规范要求，CRTS Ⅰ型板张拉力误差为±1 kN，在张拉作业中油泵驱动千斤顶进行张拉作业是人工操作，要想将误差控制在 1/4 个刻度内无形中增加了施工难度，且在施工过程中增加了不确定因素，使张拉精度得不到有效的保证。

表 3-29　自动张拉设备校核记录

指示器示值（kN）	载荷（kN）				示值重复性（%）	校验系数
	1	2	3	平均		
30	30.80	30.60	30.40	30.60	1.3	
50	50.20	50.30	50.40	50.30	0.4	
80	80.50	80.20	80.00	80.23	0.6	

续上表

指示器示值(kN)	载荷(kN)				示值重复性(%)	校验系数
	1	2	3	平均		
100	100.60	100.20	100.40	100.40	0.4	
120	120.60	120.90	120.50	120.60	0.3	
150	150.20	150.40	150.50	150.40	0.2	
校验系数平均值						
$b=1$		$a=0.427\ 8$		相关系数	$r=0.999\ 992\ 645\ 695\ 3$	
千斤顶校验回归方程			$F=1P+0.427\ 8$			

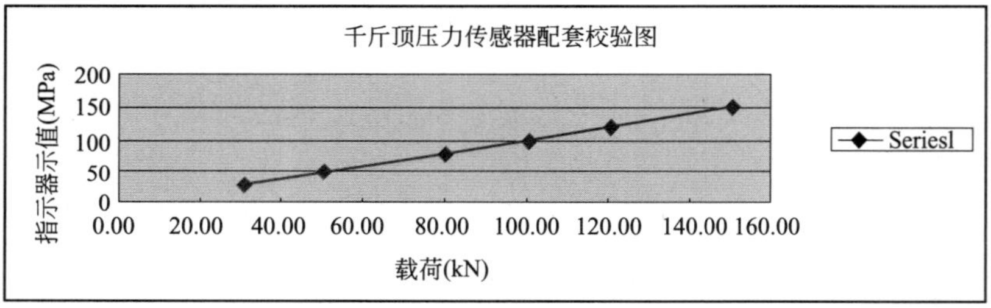

表 3-29 为长春市计量局提供的数控张拉设备千斤顶压力传感器配套校验数据及校验图。

根据表 3-29 中提供的回归方程我们可以计算出当 $P=0.25$ MPa 时所对应的 F 值：

$$F=1\times0.25+0.427\ 8=0.677\ 8\ \text{kN}<1\ \text{kN}$$

通过表 3-28 和表 3-29 的比对以及数据我们可以看出：传统张拉设备在张拉精度上无法与数控张拉设备相比。传统张拉设备是由压力表控制张拉应力，人工操作油泵进行张拉，在张拉过程中张拉精度得不到有效的控制；数控张拉设备与系统内部软件进行数据交换，直接进行张拉作业，在可编程软件中可以直接输入张拉应力，实现了全自动张拉，无需人工控制张拉力，有效地控制了在人工操作中产生的误差。所以，采用自动张拉设备大大提高了张拉精度，满足了规范要求。

2. 张拉控制自动化，工效提高

哈大客专采用的自动张拉设备主要通过压力传感器直接控制张拉应力，位移传感器安装在千斤顶上直接记录数据，代替人工测量伸长值，避免人工测量的误差且保证数据的真实性。在人机交互式的操作界面中可在触摸屏幕上方便设置张拉目标值、位移量、持荷时间、张拉方式等各种张拉参数，设置完成后可以进行加密处理，避免人为修改。操作界面简单易懂，方便操作。

规范要求预应力施工应采取双控，以油压表读数为主，以预应力伸长值作为校核。自动张拉设备在张拉力或者伸长量超出系统设置的允许范围时会自动停止张拉，使张拉精度得到有效的控制，从而实现了双控。同时，系统能够设置自动补压和持荷时间，当压力低于设定值时油泵会自动进行补压。预应力双端张拉控制如界面如图 3-28 所示。

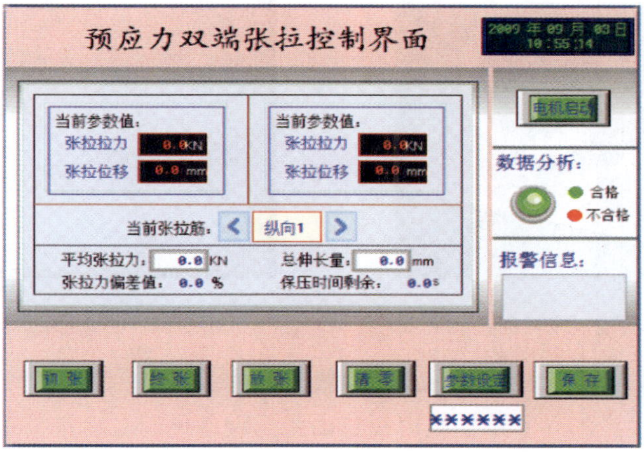

图 3-28　自动张拉系统设置界面

自动张拉系统多采用可移动式一泵四顶或八顶同步结构，同一液压站驱动的千斤顶能够实现自动同步、平衡张拉、张拉力自动跟随功能目的。同时，系统还配套标准的张拉力标定装置，可在张拉过程中对张拉系统进行标定和检测，确保了张拉质量。

自动张拉设备的设置维护主要由技术人员负责，工人仅负责千斤顶的装卸和锚固螺母的紧固工作，降低了劳动轻度，提高了劳动效率，避免了认为操作的误差。

另外，为了便于张拉后对轨道板张拉完成情况的检查，避免因为工人疲惫或偷懒等原因导致少拉、漏拉现象，哈大客专开发了多种张拉自动形成压痕装置，其中多数板厂采用在千斤顶上加焊 1～2 粒小弹珠，这样，在张拉过程中就可直接形成张拉压痕，对轨道板张拉起到了很好的控制作用。图 3-29 为在千斤顶支撑垫板表面设置钢珠自动形成张拉痕迹装置。

3. 数据采集、处理信息化

传统张拉设备数据记录为人工测量和记录，原始数据的真实性无法保证。数控张拉设备通过位移传感器直接记录数据，控制系统直接记录张拉原始数据，并自动生成报表，张拉完成后可立即从控制系统中直接调出，保证数据的真实和及时性。同时控制系统预留的数据接口，利用 U 盘可将张拉原始记录转移至电脑中存储，亦可以通过外接打印机直接现场打印，从而实现了数据采集及处理的标准化和信息化功能。图 3-30 为张拉系统自动生成的张拉报表。

图 3-29　自动形成张拉痕迹装置

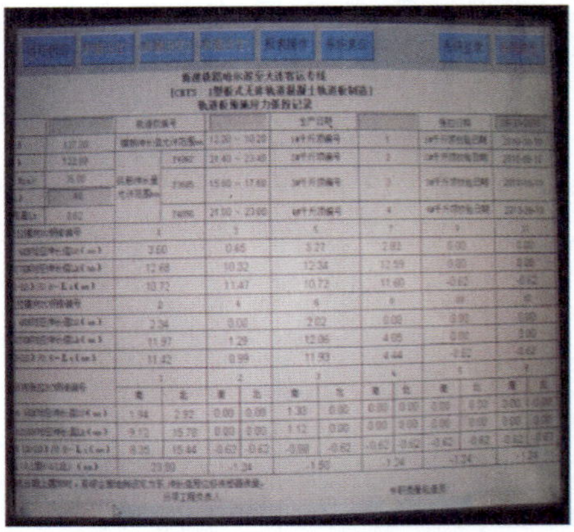

图 3-30　自动张拉系统张拉报表

（五）自动张拉系统的张拉方法及工作模式

以下以某厂生产的 YT-Ⅰ型轨道板自动张拉设备说明自动张拉系统的工作模式及张拉顺序。

1. 张拉方法及顺序

预应力筋应张拉应左右对称同时张拉，张拉顺序应先横向、后纵向，先中间、后两端，横向应隔根逐次张拉；纵向宜两端同时张拉，控制两端预应力筋螺纹外露量基本一致，并保证其两端伸长量基本一致。

2. 张拉工作模式

YT-Ⅰ型轨道板自动张拉设备通过采用液压力和张拉力的关联方法，解决了摩阻等环节对张拉数据的影响，保证了张拉的同步与平衡，其基本单元为一拖四结构，即一台液压站配套一台控制器、4 个千斤顶结构，可 2 对顶同步张拉，也可按 4 顶单独张拉使用，组合便利，使用方便。根据现场实际施工情况进行研究，确定最优张拉模式为同时张拉 2 块轨道板。相对于同时张拉 4 块轨道板来说，同时张拉 2 块轨道板可以节约人力，便于操作；相对于单板多顶次张拉来说，同时张拉 2 块轨道板便于操作，施工方便，确保轨道板张拉质量，提高施工工效。因此实际施工过程中一般采用同时张拉 2 块轨道板的张拉模式。

（六）经济效益分析

传统张拉设备与 YT-Ⅰ型轨道板自动张拉系统工程效果及经济效益分析比较见表 3-30（以 P4962 板为例）。

表 3-30　传统张拉设备与自动张拉系统工程效果及经济效益分析比较表

<table>
<tr><th>序号</th><th colspan="2">项　目</th><th>手动张拉设备</th><th>自动张拉系统</th></tr>
<tr><td>1</td><td colspan="2">张拉方式</td><td>人工控制张拉</td><td>程序化自动张拉</td></tr>
<tr><td>2</td><td colspan="2">每个张拉小组人员、设备配置</td><td>每组配 4 套一顶一泵设备,6 个操作人员</td><td>采取一拖四方式(即一个油泵带四个千斤顶),3 个操作人员</td></tr>
<tr><td>3</td><td colspan="2">数据采集</td><td>测力方式采用人工查看油压表,操作人员需要及时读数,否则可能引起超张拉。伸长量测量采取人工判读,容易误读</td><td>采用高精度传感器自动测力,压力达到设定值,自动同时张拉。采用位移传感器自动测量,及时进行双控复核。避免了误读、漏读和操作人员数据造假,确保了数据的真实性</td></tr>
<tr><td>4</td><td colspan="2">记录方式</td><td>人工手写填表记录</td><td>系统自动采集、自动生成原始记录表格</td></tr>
<tr><td>5</td><td colspan="2">张拉精度</td><td>大于 1%,不能满足规范要求</td><td>小于 1%,能满足规范要求</td></tr>
<tr><td>6</td><td colspan="2">张拉平均效率</td><td>每个小组每台班(10h)张拉数量:12 块</td><td>每个小组每台班(10h)张拉数量:30 块</td></tr>
<tr><td>7</td><td colspan="2">单台设备造价</td><td>一顶一泵一套设备 1.5 万元</td><td>4 顶一泵一套设备 15 万元</td></tr>
<tr><td>8</td><td colspan="2">每工作日张拉设备及人员配置</td><td>按每个板厂每日张拉 80 块板计算,每天至少需要 7 个张拉小组,28 套一顶一泵设备,需要操作人员 42 人</td><td>按每个板厂每日张拉 80 块板计算,每天需要 3 套一拖四自动张拉设备,需操作 9 人</td></tr>
<tr><td rowspan="3">9</td><td rowspan="3">综合费用计算</td><td>设备费用</td><td>设备购置费用:28 套×1.5 万元=42 万元</td><td>设备购置费用:3 套×15 万元=45 万元</td></tr>
<tr><td>人员工资</td><td>按工期 300 天考虑,人员工资 80 元/天计算:42 人×80 元/天×300 天=100.8 万元</td><td>按工期 300 天考虑,人员工资 80 元/天计算:9 人×80 元/天×300 天=21.6 万元</td></tr>
<tr><td>总费用</td><td>设备购置费用+人员工资=142.8 万元</td><td>设备购置费用+人员工资=66.6 万元</td></tr>
</table>

(七)预应力自动张拉系统的优点及应用前景

哈大客专 CRTS Ⅰ型无砟轨道板自动张拉系统具有以下五个优点:①张拉精度高。通过采用高精度压力传感器和位移传感器进行压力和位移的实时跟踪测量,提高了张拉精度。②在保证张拉精度的同时可实现预应力张拉中张拉应力和预应力筋伸长值的双重控制。③在可编程软件中能设置了补压和持荷功能,能强制执行持荷倒计时,有效控制人为误差。④通过压力传感器和位移传感器直接记录数据,避免人工测量的误差且保证了数据的真实性;⑤张拉自动形成压痕装置,避免因为工人因疲惫或偷懒等原因导致的少拉、漏拉现象。

总之,预应力自动张拉系统实现了预应力张拉过程的智能化、自动化、标准化、数字化，信息化，具有张拉精度高、差错率小、操作简便，工效高及综合费用较低的优点，具有广阔的应用前景。

六、预应力施工操作要点

（一）预应力施工准备工作

（1）本工序为特殊工序，操作人员应培训上岗，操作前进行技术交底。

（2）各种设备、元件按规定标定、校验合格，并在有效期内。

（3）张拉时混凝土强度不低于40 MPa。

（4）张拉作业安全防护措施到位。

（5）张拉前要对孔道、锚垫板进行检查，锚垫板承压面必须与孔道中线垂直，偏差不得超过1°。

（6）锚具在使用前须先刷去油污，安装务必正位、对中。

（7）在冬季施工时，应对厂房进行保温，保证预应力张拉工作在正温条件下进行。

（二）张拉油泵

（1）油泵用油采用优质矿物油。油内不应含水、酸及其他杂质混合物。

（2）油泵正常使用前应调整安全阀，并经常保证其灵敏可靠。调整压力一般可高出正常工作压力10%～15%，调整好的安全阀不得随意变动。

（3）当发现油液变质浑浊时应更换新油；

（4）油管与接头要按规格制造并随时检查，以免发生爆裂事故。油泵带压工作时，不得拆卸接头，管路及压力表。

（5）电源线要接地，并随时检查各处绝缘情况，以免触电。

（三） 张拉千斤顶

（1）千斤顶在开始使用或久置后使用时，应将千斤顶空截往复运行二、三次以便排除机内得气体。使用千斤顶应按说明书操作顺序进行，不得颠倒。

（2）千斤顶加荷、降压应平衡、徐缓，施加预应力时注意张拉行程不超过千斤顶最大行程，公称张拉力为最大张拉力的1.2～1.5倍之间。

（3）千斤顶在工作中发生故障、漏油、活塞表面刮伤等现象时，应停止使用，进行检修。

（4）千斤顶油泵用油，采用32号或46号液压油。通常油液使用半年或500工时后，须更换新油。

（四）高压油表

（1）油压表应采用防震型，其精度等级不应低于0.4级。最小分度值应不大于0.5 MPa，表盘直径应不小于150 mm。

（2）选用油压表表盘量程应在工作最大油压的1.5～2.0倍之间。

（3）油压表检定有效期不得超过1周。油压表在压力表校验器上校正，校正后的油压表用铅封封口，未经校正过的油表不许使用。油表在使用过程中发生玻璃破损、指针松动、无压时指针不回零现象都应更换。

(4)油压表应与千斤顶配套使用。应建立校正及领用登记卡，记录校正日期及领用日期等。

（五）设备标定及校准

1. 液压系统

千斤顶标定有效期不得超过一个月，油压表不得超过一周。在张拉作业前必须经过校准，确定其校正系数。千斤顶校正系数 K 小于 1.05 时，则按实际数采用；如校正系数大于 1.05，则该千斤顶不得使用，应重新检修并标定。

除此之外，千斤顶在下列情况下还必须重新进行标定校准：

①已张拉作业达 300 块板。

②在调换压力表后或千斤顶使用过程中出现故障、预应力筋突然断裂、仪表受到碰撞或失灵等异常现象出现后。

2. 传感器

自动张拉系统采用液压传感器测定张拉力，采用位移传感器测量预应力钢棒的伸长值，传感器的精度和准确度直接关系着张拉质量，如果传感器出现问题，将导致轨道板预应力钢棒超张拉或欠张拉，严重影响轨道板的使用功能。为了保证传感器测量的准确、统一，必须按照计量规定定期对传感器进行标定和校准。

传感器的标定与校准是指通过试验，建立传感器的输出-输入特性及其误差关系。标定与校准方法是采用标准设备产生已知非电量(输入量)，测试被标定传感器相应的输出量，并与输入量比较，作出标定图表，进行标定。

第八节　封 锚 施 工

预应力钢棒张拉完成后，为防止水分及其他有害介质侵入板体，腐蚀锚具及外露预应力钢棒，采用高强快硬性封锚砂浆对进行封锚处理。

一、封锚施工工艺流程

封锚施工施工工艺流程如图 3-31 所示。

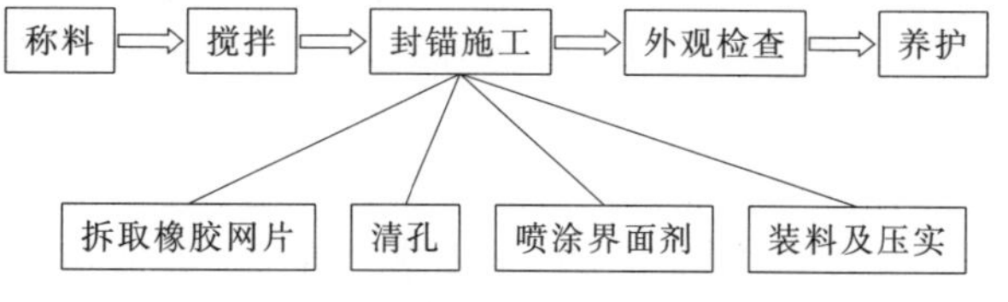

图 3-31　封锚施工施工工艺流程图

二、封锚施工技术要点

（一）材料要求

（1）封锚砂浆采用42.5级水泥、筛除5 mm以上颗粒的细骨料以及能提高砂浆韧性的聚酯酸乙烯类聚合物乳液等配制，水泥用量不宜小于800 kg/m^3，灰砂比不应小于0.50，水灰比不宜大于0.18，聚合物用量（按折固量计）应不小于胶凝材料的2%。粗细骨料称量精度2%，矿物掺和料、胶凝材料和水称量精度1%。

（2）封锚砂浆采用强制式搅拌机拌制，搅拌机转速不宜小于180 r/min。

（3）封锚砂浆填压前，应采用所选用水泥、骨料、掺和料、聚合物等原材料制作砂浆抗渗性能、收缩性能试件各一组进行性能检测，并确保由不同原材料带入砂浆内的氯离子含量符合本技术条件的要求。

（二）称料

按照封锚砂浆干料与水的配比，根据搅拌机允许容量进行称料（见图3-32），以不影响搅拌机正常工作为原则，称量设备为电子秤。

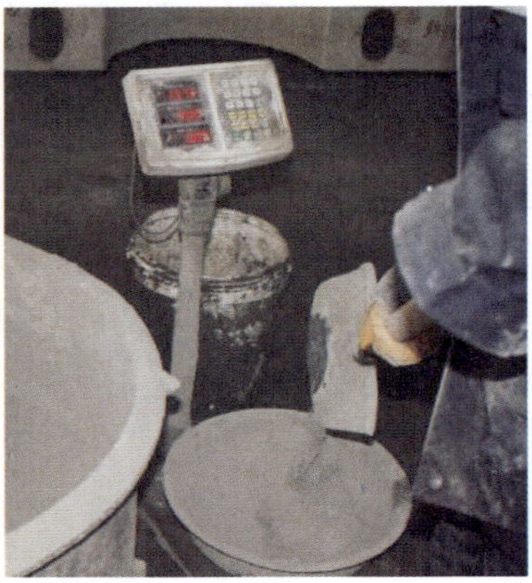

图3-32　称料

图3-33　搅拌

（三）搅拌

采用行星式强制搅拌机（见图3-33）搅拌；搅拌时间不得少于3 min；搅拌方式宜为加水低速慢搅60 s，再高速快搅120 s。搅拌时注意干料与水之间的充分搅拌均匀，封锚砂浆搅拌完成后30 min没有使用时，需进行二次搅拌，但严禁二次加水。

拌和好的封锚砂浆理想状态为用手轻握可成团，轻抖成分散状态。

（四）封锚施工

1. 清孔

采用高压气清孔，保证锚穴内无油污、浮浆、杂物和积水等，以免影响锚块与锚穴的黏结。

2. 喷涂界面剂

填料封锚前，向锚穴内均匀喷涂可提高砂浆黏结强度的界面剂，并用棉纱或海绵等吸水材料吸取锚穴凹陷处的多余界面剂。同时保证在填料前，锚穴内喷涂的界面剂仍为湿润状态，未挥发、干燥。

3. 装料

采用塑料硬质加料器，盛装适量砂浆，将加料器前端下边缘紧贴轨道板锚穴下口边缘，然后用空气锤将料顶入锚穴内。

4. 压实成型

封锚砂浆采用强制搅拌机搅拌，封锚砂浆拌制完成后须在砂浆初凝前使用完成，如果超过允许时间，砂浆不得继续使用。

规范要求，封锚砂浆填压时的环境温度宜为 5 ℃～35 ℃。因哈大客专要求所有轨道板预制场的张拉封锚作业必须在室内完成，需要冬季施工时，生产厂房内的室温必须在 10 ℃以上，因此封锚作业的环境温度要求能够满足规范要求。

为了提高封锚作业效率，确保封锚质量，哈大客专相关单位根据锚穴孔尺寸开发四种型号的专用捣固棒，如图 3-34 所示。其中：Ⅰ型、Ⅱ型、Ⅲ型组合用于横向圆锚穴封锚施工；Ⅰ型、Ⅱ型、Ⅳ型组合用于纵向长椭圆锚穴施工，大大提高封锚作业的工作效率。

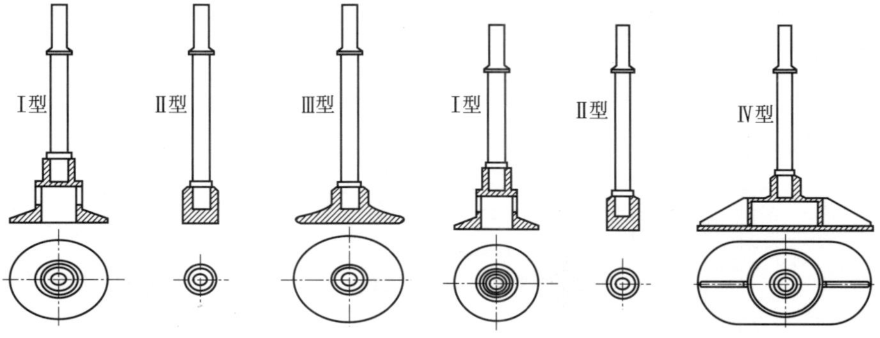

图 3-34　封锚施工捣固棒型号

封锚砂浆进行分层填压（见图 3-35、图 3-36）。采用空气锤及配套捣固棒对砂浆进行振捣，频率不小于1 000 Hz，振捣力不小于3 kg，振捣次数不少于3 次，每次不少于20 s。

封锚压实顺序：（横向圆锚穴封锚图示如图 3-37 所示）

第一步：采用Ⅰ型捣固棒对 1 号区域进行填料和压实。

第二部：采用Ⅱ型捣固棒对 2 号区域（钢棒和螺母周围）进行压实。

第三步：循环上述第一步和第二步操作，至少一次。

第四步：采用Ⅲ型捣固棒对 3 号区域进行填料和压实。直至表面光滑、平整，下凹深度满足要求。

图 3-35　封端锚穴

图 3-36　封边锚穴

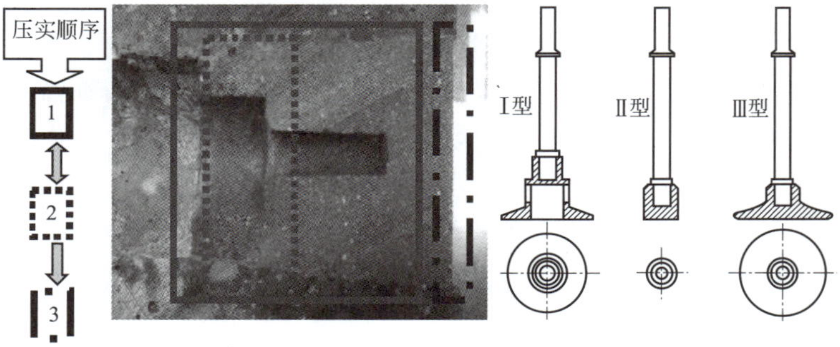

图 3-37　封锚施工压实成型示意图（横向）

封锚压实顺序（纵向椭圆锚穴封锚如图 3-38 所示）。

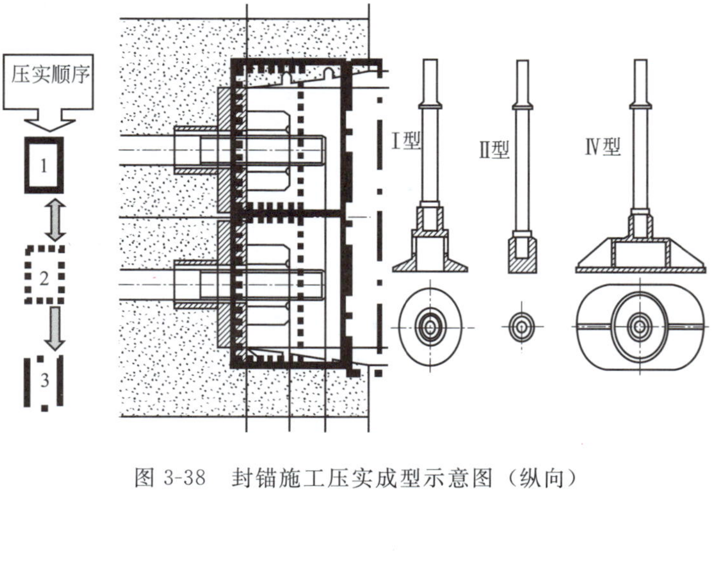

图 3-38　封锚施工压实成型示意图（纵向）

封锚过程中，锚穴孔上部砂浆不易填满，须注意多装料；锚固螺栓周围砂浆须采用专用工具充分压实；封锚完成后，封锚锚体表层四周与锚穴应结合紧密，无肉眼可见缝隙存在。封锚完成的轨道板应立即用干净抹布、灰刀将锚穴周围擦拭干净，然后均匀涂刷养护剂。

封锚砂浆填压过程中，应随机取样制作 1 d、7 d 和 28 d 的抗压强度试件，试件制作应按每工班一次，试件应采用与封锚砂浆相同的成型条件，试件脱模后应进行标准养护。

（五）封锚砂浆养护

封锚砂浆填压完毕后应立即在砂浆表面喷涂养护剂，静置时间不宜少于 2 h，方可进行入池水养。入池养护时间不少于 3 d。

第九节 混凝土养护

一、轨道板养护方案

哈大客专 CRTS Ⅰ型无砟轨道板采取蒸汽养护、室内水养、自然养护三种养护方式相结合的养护方案。养护环节贯穿轨道板生产全过程，是保证轨道板混凝土的品质，降低裂纹发生率的重要环节。养护工艺在轨道板生产流程中的体现如图 3-39 所示。

混凝土浇筑完成后，首先在 5 ℃～35 ℃的环境中静停不小于 3 h，待混凝土基本达到终凝，开始进行蒸汽养护。蒸养完成后开始脱模、翻板检查，待张拉、封锚完成后，开始进行室内水养，水养时间不少于 3 d。水养结束后进行成品板检验，经检验合格的轨道板运到存板区进行自然养护，自然养护时间不少于 4 d。

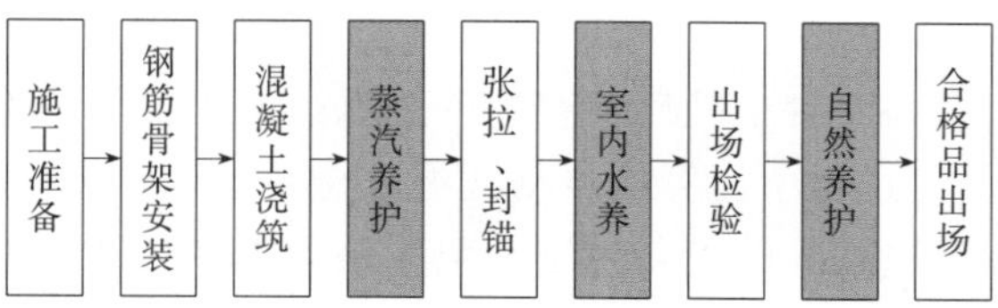

图 3-39 养护工艺在轨道板生产流程中的体现

二、自动蒸汽养护

（一）自动蒸汽养护工艺原理

蒸汽养护是用蒸汽在混凝土结构周围造成湿热环境，以加速混凝土硬化的方法。哈大客专轨道板预制场均采取锅炉加热，在每台模具上设置蒸汽养护罩和蒸汽加热管，各个模具的温度控制器可由操作人员现场操作，也可以由远程的中央计算机管理。在蒸汽管道布置和敷设中，采用自然膨胀的方式解决热胀冷缩的问题，末端设置疏水器输出管道凝结水，每台模具的蒸汽管道从两端进入轨道板，使蒸汽供热分布均匀。哈大客专 6 号板场蒸养作业场景如图 3-40 所示。

图 3-40　哈大客专 6 号板场蒸养作业

蒸汽养护严格按照静养、升温、恒温、降温四个阶段进行，每个台班选取一定数量有代表性的轨道板埋设芯部测温元件，实时监控制轨道板的厂房内环境温度、蒸养棚内蒸汽温度、轨道板的芯部温度、轨道板表面温度，并利用计算机程序在电脑上实现对养护规则的设定，实现对养护过程的全程监控，包括实时温度曲线的显示、历史数据的查询、数据的打印等管理功能，确保蒸养过程中每块板的升、降温速率、恒温时间和温度满足规范要求。

（二）自动温控系统设置

为了保证蒸养效果和混凝土品质，哈大客专全线 16 个板厂全部采用自动温控系统进行温度动态控制，蒸养过程中计算机自动测温系统测量蒸养棚内、板体表面和板体中心混凝土芯部温度。温控系统的设备控制及数据采集方案如图 3-41 所示，板体芯部测温探头布置如图 3-42 所示（以 P4962 型轨道板为例）。为了提高工作效率，温控系统采用一控一模的方式，即一套温度控制器和一个电磁阀控制单台模具进行养护。蒸养棚内温度探头布置如图 3-43 所示，现场温度监控面板如图3-44 所示。

（三）自动蒸养过程控制

1. 静停阶段

静停阶段也称预养期或静置期，该阶段主要是保证混凝土中水泥在蒸养前先进行一定程度的水化反应，使轨道板具有一定的强度，防止升温阶段轨道板体积膨胀过快对结构产生破坏。

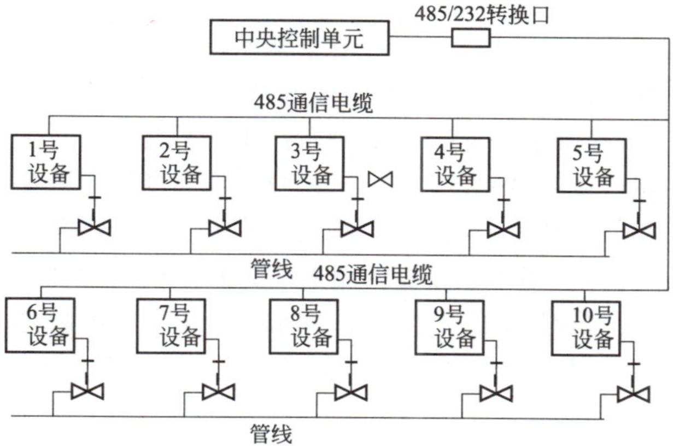

图 3-41　温控系统的设备控制及数据采集方案

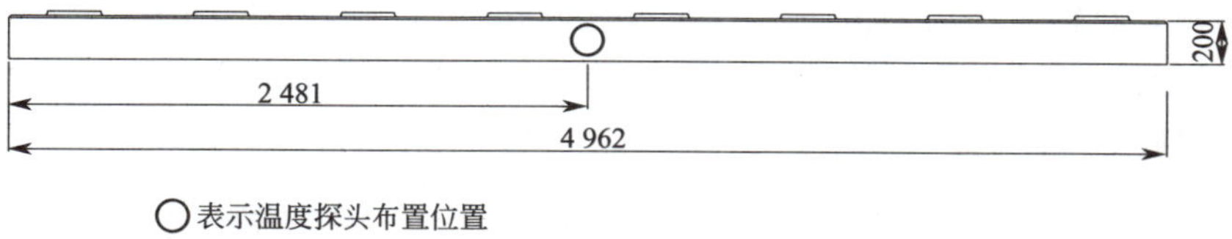

图 3-42　P4962 型轨道板芯部温度测量探头布置示意

图 3-43　蒸养棚内温度探头

图 3-44　温控面板

轨道板混凝土浇筑后必须在 5 ℃～35 ℃的环境中静停不小于 3 h,待混凝土基本达到终凝,方可进行蒸汽养护。在实际生产中预养时间受许多因素影响,当养护温度愈高时,所需的前置时间也较长。在夏季环境温度较高时,我们把轨道板的预养期设置为 3 h。随着气温的降低,预养期的时间也要相应的增加,以保证轨道板的有足够的早期强度。

2. 升温阶段

轨道板的结构强度及整体性能主要是在升温阶段形成，决定着轨道板混凝土的蒸养质量。由于轨道板的模板都是钢材，在快速升温过程中，混凝土和钢材的热胀变形系数差异较大，如果升温速率过大，将导致轨道板产生肿胀变形或者在二者相接触的地方产生裂纹。因此升温阶段的养护参数，如升温速率、温湿度的协调需要严格控制。

升温速率的控制主要是为了调节轨道板的结构强度和由轨道板升温产生的温度应力之间的关系，防止升温过程中轨道板的温度应力超过其结构强度造成混凝土开裂。在北方较低气温时，要保持较低的升温速率，我们将升温速率控制在 10 ℃/h 左右。轨道板早期预养时间越长，初期结构结构强度越高，升温速率可以相应提高，但是不能超过 15 ℃/h。

3. 恒温阶段

恒温阶段的主要控制参数是恒温温度和恒温时间。对于轨道板，恒温阶段的温度越高和养护时间越长，轨道板的早期强度发展越快和蒸养阶段获得的强度越高。但过高的恒温温度和较长的热养时间会造成轨道板的芯部和表面温度过高，使蒸汽养护的降温阶段时间延长，也会对轨道板的后期强度的增长和耐久性受到影响。

恒温阶段温度的上限设定跟静置时间的长短也有关系，轨道板的恒温温度建议设置在 40 ℃左右。最高不宜超过 45 ℃。时间不宜超过 6 h。综合考虑强度增长速度和裂纹出现概率，当环境温度在 5 ℃～15 ℃范围内时，恒温最高温度控制在 38 ℃较为合理，当环境温度在 15 ℃～30 ℃范围内时，恒温最高温度控制在 40 ℃较为合理，经实践验证，这两种方案既可以控制裂纹的出现又能保证生产效率(一天一个工作循环)。总之，在达到脱模强度的前提下，尽量降低恒温温度和恒温时间，以保证轨道板的质量。

4. 降温阶段

在降温阶段内，混凝土已硬化，如降温过快，混凝土会产生表面裂纹。降温阶段蒸养的要点是：缓慢停汽、均匀降温、保持湿度。经验证，降温速率夏季控制在不大于 15 ℃/h 且均衡，降温时间不少于 4 h；冬季混凝土降温速度控制在不大于 10 ℃/h 且均衡，降温时间不少于 6 h，对减少轨道板裂纹效果明显。

实际操作中，在降温阶段的后半段，轨道板和模板温度比较高，轨道板所在的小环境的温度一直较高，当小环境温度高于我们所设定的温度时，我们的蒸养系统就会停止向小环境供气，造成小环境的湿度不够，以至轨道板产生裂纹，我们需要采取一些方法来解决：首先，要在小环境设置一个小盖，当发现小环境的温度高于我们设定的温度时，就需要我们打开小盖，让轨道板所在小环境能缓慢降温，养护系统向小环境供气，保持小环境的湿度；其次是提高降温阶段设定的下限温度。总之在降温阶段，我们不仅要控制轨道板所在小环境的温度，更要保证它的湿度，避免在降温阶段产生裂纹。

（四）小结

总之，在轨道板的蒸汽养护过程中，应根据轨道板的芯部温度、表面温度、环境温度等及时调整蒸养温度和蒸汽大小。其中芯部温度和表面温度是最重要的温度参数，在实际工作中，我们发现影响芯部温度和表面温度的客观条件有很多，首先是气温，在夏天气温较高时，芯部温度和表面温度会比较高，这时候就需要我们调整恒温的养护温度以及养护时间，以确保芯部温度不超过 55 ℃；其次轨道板的模具的选择对这两个数据也有较大的影响。在同样的养护温度和养护时间下，保温效果好（模具钢板的尺寸及厚度，一般认为模具的钢板越厚，保温效果越好）的模具的里的轨道板的芯部温度和表面温度要升温速度更快，并且达到的最高温度更高。这就需要我们针对不同的模具设定不同的蒸养程序。

芯部温度在蒸汽养护的恒温阶段结束后 1h 左右达到最高后开始缓慢的降低。而表面温度则是在恒温结束后不再增长并且开始缓慢的降低。在脱模的时候表面温度和环境温度不宜相差过大，否则容易产生裂纹，温差最大不超过 15 ℃。

另外，哈大客专地处严寒地区，冬季施工时，蒸养车间的施工环境温度对混凝土裂纹发生影响较大。为了降低裂纹发生概率，冬季施工中应注意：保证厂房窗户处于关闭状态，运输车出入厂房后，及时关闭厂房大门；经常在车间内均衡洒水，确保厂房内相对湿度在 60%以上。

自动蒸养系统操作界面及自动生成的温控曲线如图 3-45 所示。

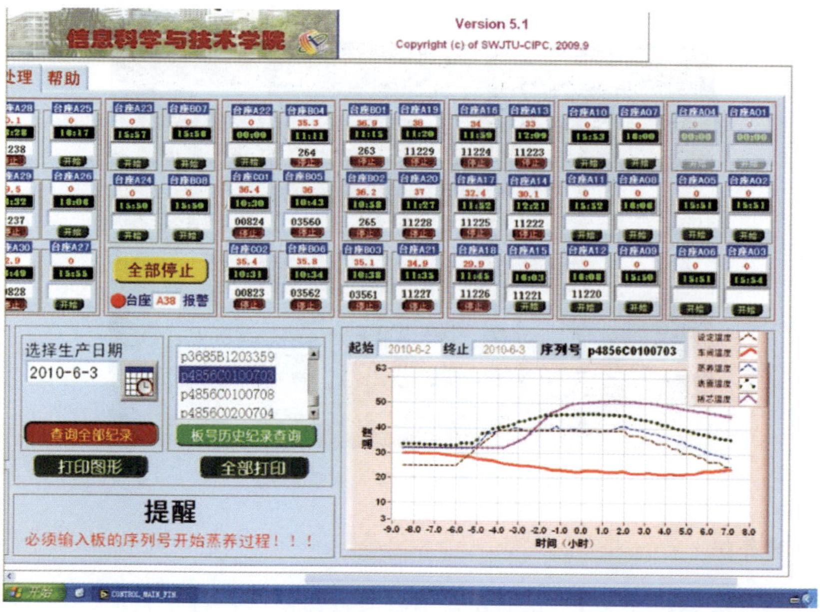

图 3-45　自动蒸养系统操作界面及温控曲线

三、室内水养

新制轨道板脱模后环境温度应大于 5 ℃，并应洒水养护保持板处于湿润状态。在保证张拉后封锚静置大于 2 h 的条件下，脱模至入水时间不宜大于 8 h，特殊条件下不大于 10 h。

轨道板需在水养池内进行养护 3 d 以上，养护水温≥5 ℃，如冬季水温不能满足要求时，采用蒸汽加热处理，确保水温保持在 5 ℃以上。轨道板板体与养护水温差大于 15 ℃时不得入池，水中养护完成后板体表面与环境温差大于 15 ℃时不得出池。

哈大客专地处严寒地区，室内外温差较大，如果水养池露天设置，春、秋季节及冬季水养池的水温难以保证，并可因温差大导致轨道板产生裂纹，在冬季时甚至可能导致轨道板受冻开裂。因此，哈大客专所有轨道板场水养池全部在室内设置。

水养时应对不同水养批次的轨道板进行有效标识，及时登记，避免混置。水养池每周进行一次换水、清理，保证水养池内洁净，需要时可提高换水频率，保证水养池内养护用水能满足要求。为了避免水养池在全部放满轨道板时养护水能有去处，在轨道板部分吊出水养池后水面仍能淹没轨道板，我们利用连通器原理将水养车间设置成了 4～8 个相互联通的小池子，这样就避免了每个小池子养护水出现溢出或无法淹没轨道板现象的发生。

图 3-46 为哈大客专 8 号板场水养区场景。图 3-47 为哈大客专某板场轨道板水养作业。

图 3-46　轨道板室内水养(一)

四、自然养护

当室外最低气温低于 5 ℃，必须在室内临时存板区进行自然养护；当室外最低气温高于 5 ℃，可在水养结束后直接将轨道板运至室外存板区进行自然养护。自然养护时

图 3-47　轨道板室内水养(二)

采用复合式土工膜对轨道板表面加以覆盖,使混凝土在一定的时间内保持水泥水化作用所需要的适当温度和湿度条件,按以下规定执行。

(1)自然养护采取喷洒自来水方式进行,洒水要求均匀仔细,严禁直接往轨道板上倒水。维持轨道板面保持湿润状态,洒水频率以确保混凝土养护期间一直处于潮湿状态为准。

(2)洒水养护的时间和水中养护的总时间不得少于 7 d,冬季如果延长了水养时间,可适当缩短自然养护时间,但仍须在水养车间内的临时存板区自然养护数天,待轨道板表面附着水自然风干后,方可运输至室外存板区。

(3)在任意养护时间,淋淋于混凝土表面的养护水温度与混凝土表面温度之差不得大于 15 ℃,洒水频率以保持混凝土表面充分潮湿为度。

(4)夏季气温较高时,为降低板体内、外温差可在存板区上方搭设隔热棚,避免太阳光直射。

图 3-48 为某板场轨道板自然养护照片。

图 3-48　轨道板自然养护

第十节 轨道板存放及运输

轨道板完成蒸养作业拆除模型后，安装好起吊装置，采用专用吊具利用 10 t 龙门吊（桁车）水平起吊，并吊装上运板台架，运至翻板区，进行翻转作业。翻转完成的轨道板通过 10 t 龙门吊（桁车）吊装至张拉封锚台座，封锚完毕 2h 后再利用龙门吊（桁车）将轨道板单侧垂直吊装进养护池进行水中养护，完成不少于 3 d 的水中养护后，再吊运至存放区立放，并采取防倾覆措施。

一、起吊前准备工作

（1）轨道板起吊前，作业人员应检查起重机及吊具（吊绳、起吊螺栓等）是否完好。

（2）轨道板脱模起吊前，作业人员应检查模板是否完全脱离混凝土表面，与轨道板相连的紧固件是否松开等。

（3）轨道板入池起吊前，作业人员应检查轨道板绝缘套管、起吊套管等是否清洁，轨道板面板上的杂物是否清除干净。

二、轨道板吊装

（1）轨道板起吊时，起吊吊具与轨道板间加设橡胶垫，并拧紧起吊螺栓，利用轨道板上的起吊装置水平起吊，使起吊螺栓均匀受力。

（2）吊运的重量不得超过起重设备的最大起重量，混凝土轨道板吊运时产品不得多于 1 块。

（3）起重作业时，应由专人指挥，严禁多人指挥。

（4）整个起吊作业过程中必须坚持贯彻轻起轻放原则，防止碰伤轨道板。

三、翻板作业

轨道板脱模后，必须进行翻板作业，翻板过程中应对轨道板进行有效地保护。并在翻板后对轨道板外观及预埋件质量进行检验。翻板作业时不能损坏轨道板，严禁碰、撞、摔。

翻板作业一般采用 10 t 龙门吊（桁车）人工配合进行翻转作业，作业过程中容易发生磕碰损伤轨道板，龙门吊翻板检查作业如图 3-49 所示。为了避免以上现象，哈大客专部分板场研制了翻板机进行翻板作业，翻板机由底座、转轴和可旋转的左右两翼组成。翻板时首先将轨道板吊至翻板机左翼，然后启动旋转电机，两翼绕转轴缓缓向垂直方向转动，待转至 90°左右时，两翼将轨道板夹紧，随后两翼共同向右侧转动至水平位置，松开两翼完成翻板。采用翻板机后，翻板作业效率大大提高，安全隐患显著降低，完全避免了翻板过程中的轨道板的碰、撞、摔现象。翻板机翻板作业过程如图 3-50 所示。

图 3-49 龙门吊翻板检查作业

图 3-50 翻板机翻板作业过程

四、轨道板运输

轨道板的场内运输可采用平板车运输与轨道式小车运输两种方式。

(1)平板车运输方式

①装车时，轨道板应按纵向水平方式放置平板车内，每两层间用两根垫木分开放置，垫木应上、下对齐。支点设置于起吊套管处。

②混凝土轨道板运输过程中严禁碰、撞、摔，保证轨道板的安全、质量。

③装车的重量不得超过设备的最大重量，并且一个车次的装载层数不得超过 4 层。

④运输时应采取防止轨道板倾倒和三点支承的相应措施，并保证轨道板不受过大

的冲击。

(2)轨道式小车运输方式

①在运输小车上设置减振垫,防止轨道板放置时造成损伤。

②采用人工或卷扬机牵引方式。

③在轨道两端设置牢固的车挡。

五、轨道板存放

(1)轨道板成品应按型号和批次分区储存,并做出明确标识。严禁不同型号和批次的产品混装混存。不合格的轨道板要单独存放,并做出明确的标识。

(2)存放轨道板的基础要求坚固、平整,无沉陷。应隔段采取防倾覆措施。

(3)长期储存时,轨道板采用立放(长度方向着地)方式进行存放。

(4)轨道板采用立放时应用连接板与连接螺栓或限位卡将相邻两块轨道板连接,使轨道板存放成一整体,轨道板存放端头应有良好的防倾倒支撑架,第一块轨道板连接在支撑架上。

(5)轨道板贮存时,用塑料盖对预埋件孔眼进行封堵,防止雨水或杂物进入。

图3-51为哈大客专轨道板在线路附近的临时存板场存储照片。

图3-51　轨道板临时存储

第四章 轨道板成品检验

预制场检验部门应对原材料、混凝土性能和轨道板质量进行检验，未经检验的轨道板不得出厂。轨道板应按批检验，同样原材料和生产工艺制成的500块轨道板为一批，批量不足500块按500块计。

轨道板成品检验分型式检验和出厂检验。

第一节 型式检验

有下列情况之一者，应进行型式检验：

批量投产前；

原材料、配合比、工艺有改变时；

正常生产三年时；

用户提出要求时。

型式检验项目应包括：原材料及预埋件检验报告；轨道板外形尺寸和外观质量；混凝土碱含量；混凝土氯离子含量；混凝土抗压强度；混凝土弹性模量；混凝土抗冻性；混凝土电通量；封锚砂浆的抗压强度、抗折强度、抗渗性、收缩率及氯离子总含量；预埋套管抗拔力；预应力筋、预应力筋一锚固螺母组装件性能；环氧树脂涂层钢筋性能；轨道板绝缘及综合接地性能。

预应力筋应进行抗拉强度、屈服强度、伸长率、松弛率和疲劳性能试验；预应力筋一锚固螺母组装件应进行静力、疲劳和周期荷载性能试验；锚固螺母应进行外观尺寸检验。

环氧树脂涂层钢筋应进行涂层材料、涂层厚度、连续性、可弯性以及与混凝土的粘结强度和锚固长度试验。

(1)轨道板成品外形尺寸和外观质量的抽检数量为每批10块。

(2)预埋套管抗拔力从外形外观质量抽检的轨道板中抽取1块，抽取3个套管进行试验。

(3)轨道板绝缘性能试验的抽检数量为3块。

受检轨道板使钢轨电感相对偏差量，即：$(L-L_0)/L_0 \leqslant \pm 3\%$

受检轨道板使钢轨交流电阻相对偏差量，即：$(R-R_0)/R_0 \leqslant 15\%$。

第二节　出 厂 检 验

出厂检验项目应包括轨道板各部分尺寸和外观质量、混凝土 28d 抗压强度和弹性模量、封锚砂浆抗压强度和抗折强度、轨道板绝缘性能等。

一、轨道板外观质量检验（表 4-1）

表 4-1　外观质量要求

序号	检 验 项 目	允许偏差(mm)	每批检验数量	检查项别
1	肉眼可见裂纹（预应力轨道板）	不允许	全检	A
2	承轨部位表面缺陷（气孔、粘皮、麻面等）	长度≤20 深度≤5	全检	B2
3	锚穴部位表面缺陷（裂纹、脱层、起壳等）	不允许	全检	C
4	其他部位表面缺陷（气孔、粘皮、麻面等）	长度≤80 深度≤8	全检	C
5	轨道板四周棱角破损和掉角	长度≤50	全检	C
6	预埋套管内混凝土淤块	不允许	全检	A
7	减振型轨道板板底垫层的翘起	不允许	全检	A
8	轨道板侧面漏筋	不允许	全检	A
备注	A 类项别单项项点数不允许超偏； B1 类项别单项项点数的超偏率不大于 5%； B2 类项别单项项点数的超偏率不大于 10%； C 类项别各单项超偏项点数之和不大于 C 类总项点数的 10%			

二、轨道板外形尺寸检验（表 4-2）

表 4-2　外形尺寸偏差

序号	检 查 项 目		允许偏差(mm)	每批检查数量（出厂检验）	检查项别
1	长度		±3.0	10 块	C
2	宽度		±3.0	10 块	C
3	厚度		+3 0	全检	B2
4	预埋套管	中心位置距板中心线	±1.0	全检	B1
		保持轨距的两套管中心距	±1.5	全检	B1
		保持同一铁垫板位置的两相邻套管中心距	±1.0	全检	B1
		歪斜（距顶面 120 mm 处偏离中心线距离）	2	全检	B2
		凸起高度	0 −0.5	全检	B2
5	标记线（板中心线）位置		±1.0	10 块	B2

续上表

序号	检 查 项 目	允许偏差（mm）		每批检查数量（出厂检验）	检查项别
6	板顶面平整度	轨道板四角的承轨面水平	±1.0	全检	B1
		单侧承轨面中央翘曲量	≤3.0	全检	B1
7	板底面平整度	普通型轨道板	5.0/m	10 块	B2
		减振型轨道板	2.0/m	全检	B2
8	其他预埋件位置及垂直歪斜	±3.0		全检	C
9	半圆形缺口直径	±3.0		10 块	C
备注	A 类项别单项项点数不允许超偏； B1 类项别单项项点数的超偏率不大于 5%； B2 类项别单项项点数的超偏率不大于 10%； C 类项别各单项超偏项点数之和不大于 C 类总项点数的 10%				

(一)轨道板外形尺寸检测方法及设备(表 4-3)

表 4-3　轨道板外形尺寸检测方法及设备汇总表

序号	检查项目		允许偏差（mm）	检验仪器设备	检验方法
1	长度		±3.0	10 m 钢卷尺(1 把)、150 mm 钢板尺(2 把)	尺量
2	宽度		±3.0	10 m 钢卷尺(1 把)、150 mm 钢板尺(2 把)、线纹钢直角尺(1 把)	尺量
3	厚度		+3.0 0	0-300 mm 游标卡尺(1 把)	尺量
4	预埋套管	中心位置距板中心线（预埋套管至轨道板边缘距离）	±1.0	0-300 mm 游标卡尺(1 把)	尺量
		保持轨距的两套管中心距	±1.5	全站仪、球形棱镜、棱镜套筒	全站仪测量
		保持同一铁垫板位置的两相邻套管中心距	±1.0		
		歪斜(距顶面 120 mm 处偏离中心线距离)	2.0	圆孔垂直度检具(2 个)、宽座角尺(1 个)、塞尺(1 把)	尺量
		凸起高度	0 −0.5	0-300 游标深度尺(1 把)	尺量
5	标记线(板中心线)位置		±1.0	10 m 钢卷尺(1 把)、150 mm 钢直尺(2 把)	尺量
6	板顶面平整度	轨道板四角的承轨面水平	±1.0	全站仪、球形棱镜、棱镜套筒	全站仪采集数据，然后进行分析评估
		单侧承轨面中央翘曲量	≤3.0		
7	板底面平整度		5.0/m	1 000 mm 水平尺(1 个)、游标塞尺(1 个)	尺量
8	其他预埋件位置及垂直歪斜		±3.0	接地端子垂直度检具(1 个)、起吊套管垂直度检具(1 个)、宽座角尺(1 个)、塞尺(1 把)	尺量
9	半圆形缺口直径		±3.0	1 m 钢直尺(1 把)	尺量

（二）轨道板平整度检测

轨道板模型与成品的平整度检测是轨道板检测的重点、难点，传统意义上的检测方法大多采用游标卡尺、塞尺、靠尺及水准仪等设备，存在精度低、进度慢、人为错误率高、分析计算困难等缺陷。为了能够迅速准确地对轨道板的平整度进行分析评估，把好轨道板制造的质量关，哈大客运相关施工单位联合测绘公司共同研发了专门针对轨道板模型与成品平整度检测的设备及分析评估系统。

该套检测系统主要包括轨道板模型与成品的检测仪器及计算分析软件。系统采用螺栓桩检测套筒和自定心螺孔适配器，能够快速精准地定位螺栓桩或孔的中心和对应的模底面、板面的高程位置；使用球形棱镜做测量目标，能够定心准确，快速高效；采用高精度、具有自动目标搜索、自动目标瞄准功能的全站仪（测量机器人）能够高精度、快速准确地采集数据；采用先进的数据处理软件能够将采集的测量信息快速计算，并进行分析评估，自动生成图形并导出分析结果。由于该系统具有精度高、操作方便、快速准确，人为误差少的优点，在哈大客运专线轨道板成品板检测中得到了广泛应用。

1. 平整度检测设备配备

平整度检测设备配备详见表4-4。

表4-4　检验设备配备表

名　　称	单位	数量	名　　称	单位	数量
自定心螺孔适配器	个	4	螺栓桩检测套筒	个	4
精密球形棱镜	个	4	轨道板检测软件（全站仪）	套	1
气象传感器	个	1	后处理分析软件（PC机）	套	1

球棱镜、自定心螺孔适配器及钢模螺栓桩检测套筒效果见图4-1～图4-3。

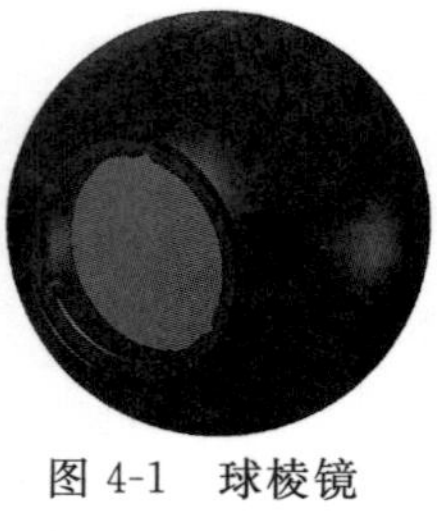

图4-1　球棱镜

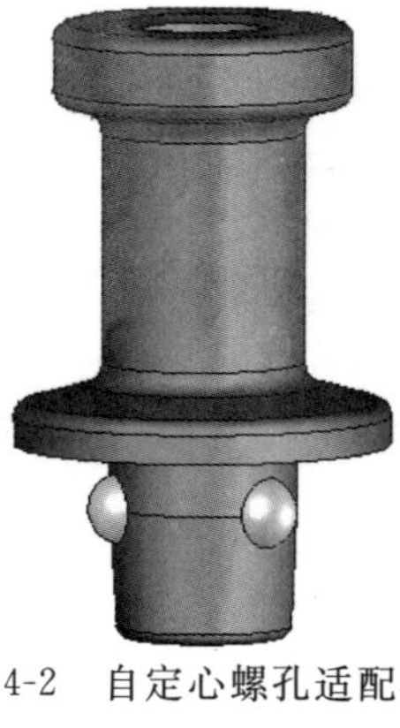

图4-2　自定心螺孔适配器

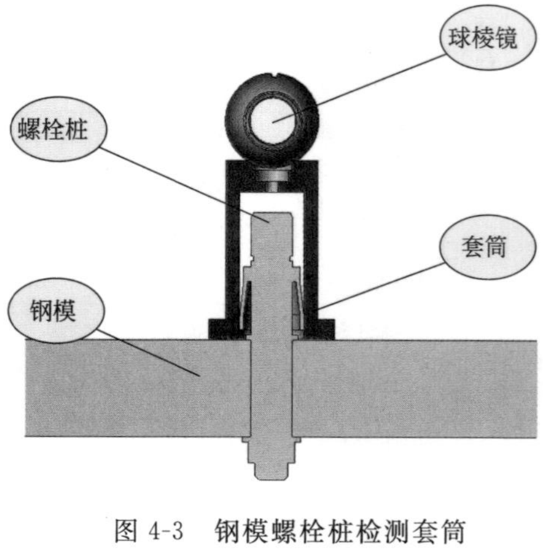

图4-3　钢模螺栓桩检测套筒

2. 平整度检测系统结构设计

平整度检测系统的结构设计示意如图 4-4 所示。

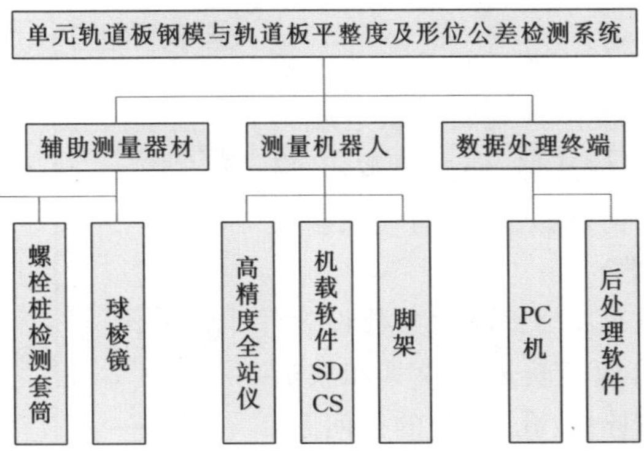

图 4-4　平整度检测系统结构示意

3. 成品轨道板(或钢模)的平整度检测流程图

成品轨道板(或钢模)的平整度检测流程如图 4-5 所示。

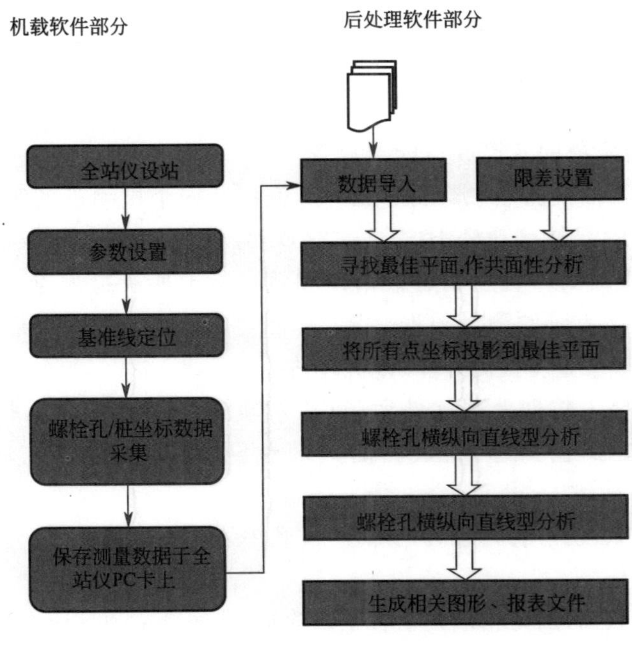

图 4-5　轨道板(或钢模)检测流程图

4. 数据采集

数据采集前先对螺栓桩进行编号，螺栓桩/孔编号定义如图4-6所示。

(1)将轨道板(或轨道板模具)表面基本调平。

(2)将全站仪架在轨道板模具或轨道板中线附近，距离轨道板模具或轨道板近端约1.5 m远。连接气象传感器，使之归零，开启时时修正系统(观测前，输入现场的气象参数和使用的棱镜加常数)。

(3)启动机载软件SDCS，在“参数设置”菜单设置测量参数，包括轨道板模具和轨道板板型及检测点(螺栓桩/孔)排列的行间距，列间距和棱镜高。

(4)进入“基准线定位”菜单，先将两个带球型棱镜的套筒或适配器放置在轨道板模具和轨道板左边的A1号(第A行第1列螺栓桩/孔)和H1(第H行第1列螺栓桩/孔)号螺栓桩/孔上，顺序观测A1号和H1号螺栓桩/孔上的棱镜，完成基准线的定位。

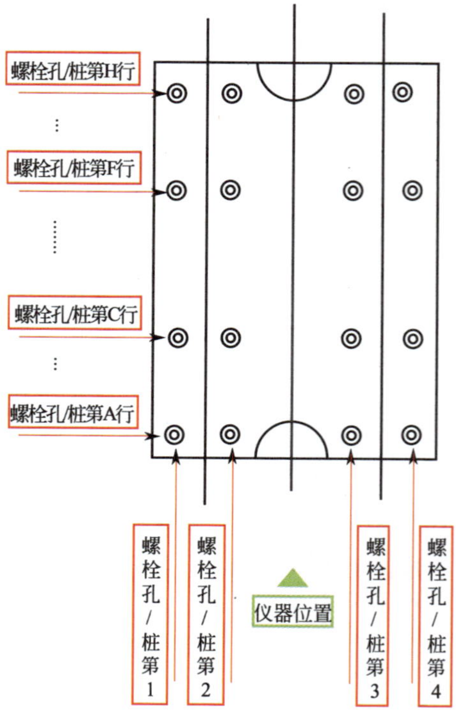

图4-6　轨道板螺栓桩编号示意

(5)进入“螺栓桩/孔坐标数据采集”菜单，首先将带球型棱镜的套筒或适配器放置在A1、A2、A3、A4号检测点(螺栓桩/孔)上，完成这四个检测点的测量，然后将带球型棱镜的套筒或适配器移动到B1、B2、B3、B4号检测点(螺栓桩/孔)，完成下四个检测点的测量，依次操作直至轨道板钢模和轨道板上所有检测点(螺栓桩/孔)的数据采集完成并保存相应的测量数据。

5. 成品轨道板平整度检测计算、分析评估

将检测数据导入数据处理软件后，可以对轨道板钢模或成品轨道板进行分析评估，分析评估主要包括螺栓桩/孔的共面性、共线性(直线性)、对称平行性等方面。

螺栓桩/孔的共线性：各行或各列螺栓桩/孔中线应在一条直线上。

(1)共面性评估

螺栓桩/孔的共面性：是指理论上各个螺栓桩/孔底部或顶部应在一个平面上。

导入螺孔中心点的三维坐标文件，对所有螺孔点进行平面拟合，求出一个最能代表所有螺孔点位置的拟合平面，所有螺孔点到该平面的离散度最小。实际中，有三个实测点组成的平面，与该拟合平面非常接近，它也是实际中存在的平面，我们称其

为最佳平面。在程序共面性分析模块中，阴影部分为最佳平面，数字表示该点到最佳平面的垂距，值为正，表示高于平面；值为负，表示低于平面。图 4-7 为共面性示意图。

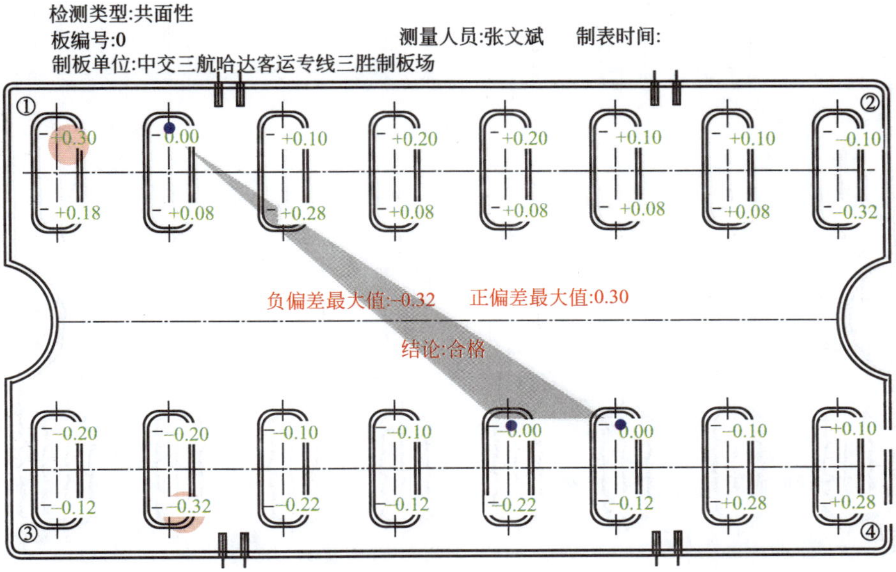

图 4-7 共面性示意图(单位:mm)

(2)共线性(直线性)评估

螺栓桩/孔的共线性：是指理论上各行或各列螺栓桩/孔中线应在一条直线上。

首先，将所有的螺孔点往最佳平面投影，得到所有点新的坐标，此时所有点在一个平面上。其次，确定板中线的位置，板中线的真实值是得不到的。程序将建立板中线的直线方程，然后计算所有点到板中线的距离与该点到板中线的理论值的差，板中线方程必须满足这些差值为最小，采用最小二乘法，解联立方程组，求出板中线直线方程。然后，在对称性分析模块中，计算出每个点到板中线的距离与理论值的差，正值，表示大于理论值，负值，表示小于理论值。采用最小二乘法，求出纵向四列点的最佳直线，并计算出与板中线的夹角，即平行性。夹角越小，平行性越好。图 4-8 为直线性示意图。

(3)对称性评估

螺栓桩/孔的对称平行性：是指理论上各列螺栓桩/孔中线相对板中线应对称平行。

在直线性分析模块中，对纵向四列点单独进行直线拟合，每列八个点，求出该列与拟合直线的偏差，标示各点到最佳直线的偏差，正值，表示左偏；负值，表示右偏。

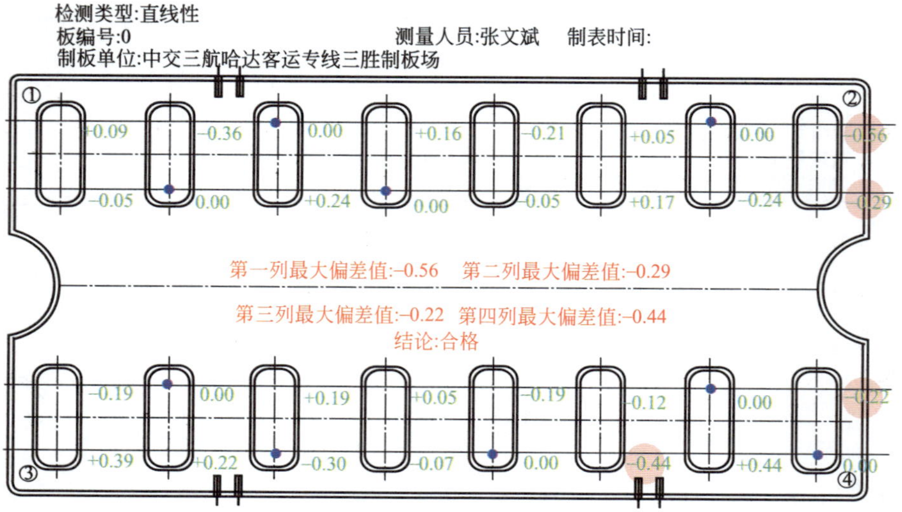

图 4-8　直线性示意图(单位:mm)

图 4-9 为轨道板对称性示意图。

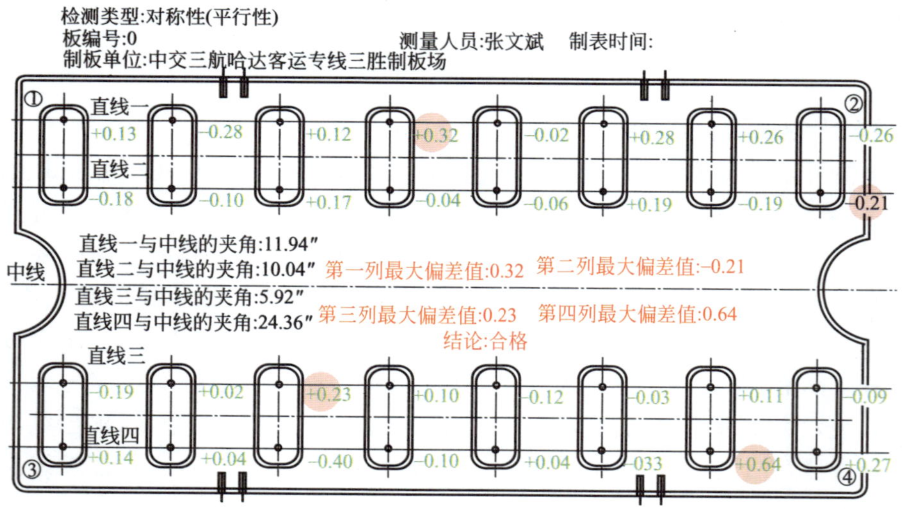

图 4-9　对称性示意图(单位:mm)

三、混凝土 28 d 抗压强度和弹性模量评估

轨道板在浇筑混凝土过程中,应按规定随机取样,制作混凝土强度试件、弹性模量试件,试件随轨道板或在同样条件下振动成型;施工试件随轨道板养护,28 d 标准试件

按规定制作和按标准养护办理；混凝土试件制作、养护应符合《普通混凝土力学性能试验方法标准》(GB/T 50081—2002)和《铁路混凝土强度检验评定标准》(TB 10425—1994)的规定。

1. 试件留置

轨道板浇注按每 12 块一个批次，不足一批按一批计。每批以最后一块板制作脱模强度试件，试件两组。(1 组同条件养护作拆模和张拉依据，1 组标养检测 28d 抗压强度)，试件尺寸为 150 mm×150 mm×150 mm。

每浇筑 36 块轨道板做弹性模量试件 1 组为 28 天弹模。

根据铁建设〔2005〕160 号文要求，混凝土每 20 000 m^3 抽取耐久性试件，由于轨道板预制场混凝土总方量多在 30 000～50 000 m^3 之间，数量较小，采用 20 000 m^3 的检验频次过小。为了保证混凝土品质，哈大客专统一要求每 5 000 m^3 混凝土抽取抗冻融循环、抗氯离子渗透性、耐久性试件各一组，进行耐久性试验。

每浇筑 36 块轨道板试件留置组数、取样、批量、养护、试验及评定方法见表 4-5。

表 4-5 轨道板试件取样、养护、试验及评定方法

序号	试件名称		试件数量(组/批)	取样位置	试验批量(批)	养护方式	试验龄期(d)	评定/判定标准
1	拆模和张拉强度		2/1	随机	3	随板	试验确定	≥40MPa
2	板体混凝土 28 d	强度	1/1	均布	1	标养	28 d	TB 10425 标准差已知法
3		弹模	1/1	同一盘	1	标养	28 d	≥强度等级对应的 E_h

备注：

1. 表中“均布”—指每组(3 块)试件在浇筑混凝土的总盘数中均匀分布取样；
2. 每种施工试件应在浇筑总盘数中均匀分布取样，其中每组 3 块应在同 1 盘中取样；
3. 当试件的试验结果未达到本标准规定及设计要求时，可采取超声波一回弹综合法或/和后装拔出、钻芯法进行无损或有损实体检测。试验方法按 CECS02：88、JGJ/T 23—2001、TB/T 2298.2—1991、DL/T 5150—2001 执行。最终检验结论由产品质量监督检验机构综合判定

2. 试件制作

(1)试模准备：混凝土试件模型在使用前应彻底清除灰渣，检查尺寸边长误差不超过±0.2 mm，并按《工程试验专用仪器效验检验方法》(TGX 001～060—2001)规定进行自校，不合格的试模禁止使用。

(2)取样

取样地点：灌注口。

取样方法：随机取样。

(3)混凝土拌和物入模及振动

用铁铲将该次取样的混凝土拌和物装入试模，装料时应用抹刀沿试模内壁略加

插捣并使拌和物高出试模上口，用试验室振动台振动。振动时应防止试模在振动台上自由跳动，振动应持续到混凝土表面出浆为止，刮去多余混凝土，并用抹刀抹平。

(4)试件养护：混凝土试件养护应符合有关规定。

(5)试件编号、拆模：静置 24 h 后，在试件表面写上板号、日期、分辨取样次数的标记，方可拆模，严禁提前脱模。

(6)试件试压前应测量实际尺寸，据此计算试压强度误差，同时还应检查外观并做好记录。

3. 轨道板检查项目、试件数量及养护方式

轨道板检查项目、试件数量及养护方式详见表 4-6。

表 4-6 轨道板混凝土检验频率和取样数量表

<table>
<tr><th colspan="2">检查工序项目</th><th>养护方式</th><th>试件数量(组)</th><th>试件尺寸(mm)</th></tr>
<tr><td>拆模</td><td>抗压强度</td><td>蒸气养护</td><td>1(试生产取 2)</td><td>150×150×150</td></tr>
<tr><td>张拉</td><td>弹性模量</td><td>蒸气养护</td><td>1</td><td>150×150×300</td></tr>
<tr><td rowspan="3">28 d 标准强度</td><td>抗压强度</td><td>标准养护</td><td>1</td><td>150×150×150</td></tr>
<tr><td rowspan="2">弹性模量</td><td>标准养护</td><td>1</td><td>150×150×300</td></tr>
<tr><td>随板养护转标准养护</td><td>1</td><td>150×150×300</td></tr>
<tr><td rowspan="2">每 5 000 m³，制取 56 d 耐久性试验</td><td>抗冻性</td><td>标准养护</td><td>1</td><td>100×100×400</td></tr>
<tr><td>电通量</td><td>标准养护</td><td>1</td><td>150×150×150</td></tr>
<tr><td>每 5 000 m³，制取 28 d 抗渗性试件</td><td>抗渗性</td><td>标准养护</td><td>1</td><td>ϕ185×ϕ175×150</td></tr>
<tr><td colspan="5">说明：
1. 强度、电通量、弹性模量、抗冻试件 3 块/组；抗渗试件 6 块/组；
2. 试生产期间(前 500 块板)，混凝土 28 d 强度试件先采用 TB 10425—1994 标准未知法为。正式生产后，每批板 28 d 强度试件再采用 TB 10425—1994 标准已知法；
3. 取样时均匀分布整个板浇筑的过程随机抽取，同一组试件应同一次取样完成</td></tr>
</table>

4. 试件抗压强度试验及评定强度

(1)每生产 500 块板，应进行一次混凝土抗压强度评定。

(2)抗压强度试验方法应符合 GB/T 50081—2002 规定，评定强度应符合 TB 10425—94《铁路混凝土强度检验评定标准》(TB 10425—94)规定。

四、封锚砂浆抗压强度和抗折强度评估

封锚砂浆抗压强度和抗折强度评估详见表 4-7。

表 4-7 封锚砂浆性能评估

序号	项 目 名 称		性 能 要 求
1	抗压强度(MPa)	1 d	≥40
		7 d	≥50
		28 d	≥60
2	抗折强度(MPa)	1 d	≥5
		7 d	≥7
		28 d	≥9
3	抗渗性能		≥P20
4	收缩率(%)		≤0.02
5	氯离子总含量		不应超过胶凝材料总量的 0.06%

五、轨道板绝缘性能检测

(一)试验设备

ZL5 型智能 LCR 测量仪(下文中简称为电桥)1 台;

长度约 6 m 的 60 kg/m 钢轨 2 根(钢轨两端距端部 10 m 的轨腰处各打一直径为 9.8 mm 的圆孔);

标准钢包钢连接线 1 根,长度 2 m、截面积不小于 42 mm^2(ϕ1.2 mm×37),且与两条钢轨的一端采用直径 10 mm 的螺栓压按方式封连;

直径 9 mm 的信号专用塞头 2 个。

(二)试验条件

220 V 交流电源,电压稳定;

试验现场无电磁干扰,受检轨道板周边 5 m 范围及地面下无金属物(采用金属探测器对场地进行探测,确保无金属物)。

(三)试验流程

电桥开机→安装接续器→电桥调零→调整测试频率→测量→检测结果评定。

(四)操作要点

将受检轨道板放置在坚实平整的地面上,将两根钢轨放置在轨道板承轨部位。

用绝缘木块将钢轨垫起,使轨底距承轨面 50 mm,调整轨距到 1 435 mm。

用标准钢包铜连接线将两股钢轨的一段封连,钢轨的另一端引出端子与电桥连接。

轨道板绝缘性能检测,精度要求高,在每次改变测试夹具位置后都应重新调零,调零时手和其他物体应离测试夹保持 10 cm 以上。

调整测试频率时,轨道板绝缘性能测试频率规定为 f=2 000 Hz。

当钢轨放置在轨道板承轨部位时，测量两轨引出端子间的电感值 L(mH) 、电阻值 R(Ω)；确认端子与电桥连接好后，测量三次，取算术平均值作为测量结果；然后将钢轨移出受检轨道板，并置于绝缘物体上，使轨底距地面的高度与移轨前轨底距地面的高度相同，轨距调整至 1 435 mm，保持两端钢轨一段封连状态，在这种状态下再次测量出两轨引出端子间的电感值 L_0(mH)及电阻值 R_0(Ω)，测试三次取算术平均值作为测量结果。

检测结果评定：受检轨道板使钢轨电感相对偏差量，即$(L-L_0)/L_0$，理论偏差量≤±3%；受检轨道板使钢轨交流电阻相对偏差量，即$(R-R_0)/R_0$，理论偏差量≤+15%。

第五章

冬 季 施 工

当环境昼夜平均气温(最高和最低气温的平均值或当地时间6时、14时、21时室外气温的平均值)连续3天低于+5 ℃或最低气温低于−3 ℃时,应采取冬季施工措施。

哈大客专地处严寒地区,所经地区最冷月平均气温多在−10 ℃以下,极端最低气温达到−39.9 ℃,气候严寒、昼夜温差大,有效施工期短。根据哈大客专实施性施工组织设计的工期安排及轨道板预制场的数量及规模,多数预制场必须在冬季生产轨道板,为了保证冬季施工时轨道板的制造质量,必须从拌和站建设、生产厂房建设、混凝土生产、供应、钢筋加工等环节采取有效措施。

第一节 冬 施 准 备

混凝土拌和站是混凝土生产的重要场所,需要冬季施工的拌和站首先必须在预制场规划设计阶段进行考虑安排,在冬季施工前完成各项准备工作。

冬期施工期间,须密切关注气温变化情况,随时掌握天气预报和寒潮、大风警报,以便及时采取防护措施。

拌和站操作室必须设置空调或电暖气等加热设备,保证操作室温度在15 ℃以上。

拌和楼及骨料输送系统采用具有保温作用的双层彩钢进行全面封闭;混凝土料斗外加保温罩,以减少混凝土运输途中热量损失。

骨料仓必须采用具有保温作用的双层彩钢板进行全面封闭,仓内需增设加热炉或铺设加热盘管和烟道等加热设施;

拌和站的配套水池应通有蒸汽管等加热设施,并采用抽水箱和贮水箱两级加热方式。同时选用耐高温80 ℃的水泵及蝶阀,以满足搅拌站的供水要求;蒸汽管道及输水管外包岩棉进行保温。

供热、供气所需的锅炉房应提前建设,锅炉应提前购买,确保冬季来临时能及时发挥作用;

水泵、储水箱、外加剂泵、外加剂箱等应采取保温措施,以免热量损失或冻裂泵体。

储气罐、各气动支路、三联件等易冻部位都应用蒸汽进行预热，保证开关动作灵活可靠，保证混凝土的正常生产。

搅拌、发电、运输及吊装等设备提前更换防冻液，根据不同阶段气温更换相应的低温机油和低温燃油，以保证能够在负温条件下正常工作。

预制场内与混凝土灌注、蒸养、张拉封锚、水养工序相关的生产厂房需采用双层彩钢板进行封闭，厂房内在建设时应提前安装好供热系统管道，冬季施工时应保证室温在10 ℃以上。

第二节　钢筋加工冬施措施

在负温条件下，钢筋的力学性能要发生变化：屈服点和抗拉强度增加，伸长率和抗冲击韧性降低，脆性增加，这种性质称为冷脆性。因东北气候严寒，轨道板钢筋加工焊接需在封闭的钢筋加工厂房内进行，厂房墙壁尽量采用具有保温作用的双层彩钢板，有条件时应尽量提前在厂房内布置供热管道、暖气片等采暖设备，尽量保证加厂房内温度能在 0 ℃以上。如室内温度无法达到 0 ℃以上，需按照以下要求进行钢筋焊接。

(1)钢筋负温手工电弧焊的焊接参数可参考表 5-1 焊接参数。

表 5-1　焊接参数

焊接种类	钢筋直径(mm)	焊接层数	平焊		立焊		焊接速度(mm/min)
			直径(mm)	焊接电流(A)	直径(mm)	焊接电流(A)	
搭接	10～14	1	3.2	130～140	3.2	90～110	90～100
			4.0	150～170	4.0	110～130	
	16～20	2	3.2	130～140	3.2	90～110	80～90
			4.0	150～170	4.0	120～140	
	22～40	3	4.0	150～170	3.2	100～120	70～90
			5.0	180～240	4.0	140～180	

(2)进行搭接电弧焊时，第一层焊缝，先从中间起弧，再向两段运弧；立焊时，先从中间向上方运弧，再从下端向中间运弧。以使接头端部的钢筋达到一定的预热效果。在以后各层焊缝焊接时，采取分层控温施焊。层间温度控制在 150 ℃～350 ℃之间，以起到缓冷的作用。

(3)钢筋电弧焊接头进行多层施焊时，采用“回火焊道施焊法”，即最后回火焊道的长度比前层焊道在两端各缩短 4～6 mm 以改善接头的性能。

(4)焊接电流略微增大，焊接速度适当减慢。在焊接过程中，一般采用短弧施焊，防止断弧，且不要产生烧伤现象和在非焊接部位引弧，以避免使钢筋受到损伤。

第三节　混凝土工程冬施措施

一、配合比调整

做好冬季施工混凝土、水泥浆及掺外剂的试配试验工作，提出冬季施工配合比调整方案。

二、原材料加热或预热

搅拌混凝土前，试验室先进行热工计算，并经试拌确定水和骨料需要预热的最高温度，以保证混凝土的出机温度不低于15 ℃，入模温度不低于5 ℃。根据调研，各预制场冬季施工拌和前水泥温度、保温棚内砂子温度能保持5 ℃左右，碎石温度保持在2 ℃左右。如果要保证混凝土出机温度在15 ℃左右，经热工计算，拌和用水的温度应在70 ℃左右。混凝土冬季施工时热工计算实际算例详见附录二。

根据实践经验，混凝土冬施优先采用加热水的预热方法调整拌和物温度，水的加热温度应≤80 ℃。当加热水不能满足要求时，将骨料均匀地进行加热，其加热温度不应高于60 ℃。水泥、外加剂及掺和料不得直接加热，在使用前运入暖棚进行预热。搅拌时先投入骨料和已加热的水进行搅拌均匀，再加水泥，以免水泥与热水直接接触。

骨料不得混有冰雪，冻块及易被冻裂的矿物质。

外加剂及掺和料在使用前运入暖棚进行自然预热，不得直接加热。

三、混凝土拌和

搅拌前用热水冲洗搅拌机。

将加热的水、骨料(砂、石料)、外加剂与水泥、掺和料按如下顺序投入搅拌机进行搅拌：中砂→碎石→热水→水泥→掺和料→外加剂，以保证先期投入的骨料(砂、石料)和水搅拌均匀的混合物在与水泥接触时温度≤60 ℃，避免出现水泥与热水直接接触发生假凝现象。

搅拌时间适当延长50%左右，保证混凝土搅拌均匀。

增加混凝土拌和物性能测试频率，保证混凝土坍落度满足要求。

质检员每班最少4次测量水和骨料的入机温度和混凝土的出机温度，确保出机温度不低于15 ℃，入模温度保持在5 ℃以上，并认真做好相关纪录。

四、混凝土的运输和浇筑

缩短混凝土的运输时间，选择最佳线路，使热量损失尽量减少，对运输混凝土的料斗采取保温材料覆盖，确保混凝土入模温度不低于5 ℃。

混凝土浇筑前，须仔细检查模板及钢筋上有无污垢和结冰现象，特别要认真检查底模有无结冰现象。侧模和底模可用蒸汽融化，但模内不得存有积水。

第四节 轨道板养护冬施措施

一、自动蒸养

在静停阶段，轨道板混凝土浇筑后必须在5 ℃～35 ℃的环境中静停不小于3 h，待混凝土基本达到终凝，方可进行蒸汽养护。在实际生产中预养时间受许多因素影响，冬季随着气温的降低，厂房内环境温度相比较夏季也在降低，预养期的时间也要相应的增加，以保证轨道板的有足够的早期强度。

在升温阶段，轨道板的结构强度及整体性能主要是在升温阶段形成，升温速率的控制主要是为了调节轨道板的结构强度和由轨道板升温产生的温度应力之间的关系，防止升温过程中轨道板的温度应力超过其结构强度造成混凝土开裂。冬季施工时厂房内环境温度交底，相应的升温速率也应降低，工程实践经验表明，升温速率控制在10 ℃/h左右，有利于轨道板裂纹控制。

恒温阶段的主要控制参数是恒温温度和恒温时间，轨道板的恒温温度建议设置在40 ℃左右。最高不宜超过45 ℃。时间不宜超过6 h。综合考虑强度增长速度和裂纹出现概率，冬季施工当厂房内环境温度在5 ℃～15 ℃范围内时，恒温最高温度控制在38 ℃较为合理。总之，在达到脱模强度的前提下，尽量降低恒温温度和恒温时间，以保证轨道板的质量。

在降温阶段内，混凝土已硬化，如降温过快，混凝土会产生表面裂纹。降温阶段蒸养的要点是：缓慢停汽、均匀降温、保持湿度。规范要求降温速率不应大于15 ℃/h且均衡，降温时间不少于4 h；但在冬季混凝土施工时，降温速度应控制在不大于10 ℃/h且均衡，降温时间不少于6 h，对减少轨道板裂纹效果明显。

哈大客专地处严寒地区，冬季施工时，蒸养车间的施工环境温度对混凝土裂纹发生影响较大。施工中应注意：保证厂房窗户处于关闭状态，运输车出入厂房后，及时关闭厂房大门；经常在车间内均衡洒水，确保厂房内相对湿度在60%以上；轨道板降温时应尽量避免门窗开启。

二、室内水养

哈大客专地处严寒地区，室内外温差较大，如果水养池露天设置，春、秋季节及冬季水养池的水温难以保证，并可因温差大导致轨道板产生裂纹，在冬季时甚至可能导致轨道板受冻开裂。因此，哈大客专所有轨道板场水养池全部在室内设置。

冬季施工时应严格控制水养池温度，养护用水采用蒸汽加热，保证水养池水温≥5 ℃。同时应适当增加轨道板的水养时间，水养时间至少为4 d。

三、自然养护

冬季施工时，当室外最低气温低于 5 ℃，必须在室内临时存板区进行自然养护，冬季如果延长了水养时间，可适当缩短自然养护时间；在厂房内临时存板区自然养护 3～5 d 后，待轨道板表面附着水自然风干后，在轨道板表面喷涂养护剂，方可运输至存板区。

第五节 预应力工程冬施措施

哈大客专地处严寒地区，张拉和封锚作业全部在生产厂房内进行。冬季施工时，生产厂房采取保温加热保温措施，厂房内温度一般在 10 ℃以上，能够满足轨道板张拉、封锚施工要求，封锚砂浆的搅拌也应在厂房内进行，采用 30 ℃左右温水搅拌，可确保封锚砂浆温度≥5 ℃，不需要再额外采取措施。

参考文献

[1] 何华武.无碴轨道技术[M].中国铁道出版社,2005.

[2] 铁道部工程管理中心.客运专线铁路预制轨道板(枕)场建设手册[M].中国铁道出版社,2009.

[3] 铁路大型临时工程和过渡工程设计暂行规定(铁建设〔2008〕189号)[S].中国铁道出版社,2008.

[4] 铁道部科学技术司.客运专线铁路CRTS Ⅰ型板式无砟轨道混凝土轨道板暂行技术条件(科技基〔2008〕74号)[S].中国铁道出版社,2008.

[5] 铁道部工程管理中心.客运专线铁路无砟轨道施工手册[M].中国铁道出版社,2009.

[6] 哈大客专公司.哈大客专CRTS Ⅰ型无砟轨道板质量控制手册[K].2009年9月.

[7] 哈大客专综合施工技术研究报告—CRTS Ⅰ型无砟轨道板预制综合施工技术研究阶段性科研报告,哈大客专公司,2011年1月.

[8] 张先军,等.哈大客运专线CRTS Ⅰ型无砟轨道板自动张拉技术研究[J].铁道标准设计,2011(4):24-28.

[9] 张先军、赵世运.严寒地区客运专线CRTS Ⅰ型无砟轨道板制造蒸养阶段裂纹控制技术[J].国防交通工程与技术,2011,(3):49-51.

[10] 中国铁道科学研究院.哈大客专"CRTS Ⅰ型板式无砟轨道标准轨道板设计图"哈大客专通(轨)01.

[11] 铁路混凝土工程施工质量验收标准(TB 10424—2010).中国铁道出版社.

[12] 铁路混凝土工程施工技术指南(铁建设〔2010〕241号).中国铁道出版社.

[13] 中国铁道科学研究院.《哈大客专CRTSⅠ型板式无砟轨道混凝土轨道板用预应力钢棒体系暂行技术条件》.2009.

[14] 欧亦盛.哈大客专CRTS Ⅰ型板式无砟轨道板模具工装振动时效工艺[J].西部探矿工程,2010,(3):193-196.

[15] 张俊宏.CRTS Ⅰ型轨道板自动化张拉系统研究[J].今日科苑,2009,(8):27.

[16] 孔庆林等.轨道板钢筋骨架绝缘技术的研究[J].中国科技财富,2009,(8):85-86.

[17] 杜敏.后张法轨道板蒸汽养护施工技术[J].今日科苑,2009,(8):26.

[18] 郭传臣,杨敏.预应力轨道板用封锚砂浆的配制[J].铁道标准设计,2009,(9):32-34.

[19] 蒋奎.Ⅰ型轨道板预制施工工艺与造价分析[J].山西建筑,2010,36(6):259-260.

[20] 胡华军.CRTS Ⅰ型板式无砟轨道之轨道板预制[J].铁道建筑技术,2008,(B12):278-282.

[21] 王伟,汪志兵.CRTS Ⅰ型无砟轨道板预制技术 [J].民营科技,2009,(9):160.

[22] 徐宏伟,王江.广珠线轨道板生产线布置及工艺研究[J].铁道标准设计,2009,(6):3-6.

[23] 查进等.客运专线混凝土轨道板生产技术[J].建材世界,2010,31(1):29-32.

[24] 赵学敏.浅谈客运专线CRTS Ⅰ型无砟轨道板预制工艺[J].工程建设,2009,41(6):38-42.

[25] 申国锋.双向后张预应力混凝土轨道板制造工艺研究[J].铁道标准设计,2007,(1):10-13.

[26] 李雪松.严寒地区CRTS Ⅰ板式无砟轨道板制造工艺[J].山西建筑,2009,35(32):151-152.

[27] 张玉光.严寒地区CRTS Ⅰ轨道板制造技术[J].铁道工程学报,2009,132(9):22-49.

附录一 哈大客专轨道板预制场基本情况表

附表 1 哈大客专轨道板预制场基本情况表

标段	位置	预制场编号	模板配备(套)	生产规模(块)	供应范围(双线公里)
TJ-1 标段	瓦房店	1#	136	45112	103.5
	营口	2#	84	21626	49.6
	大石桥	3#	65	19080	43.8
	海城	4#	51	15500	35.6
	辽阳	5#	56	16400	37.6
	灯塔	6#	80	24590	56.4
	小计		472	142308	326.6
TJ-2 标	沈阳北	7#	66	23004	52.8
	开原	8#	70	21390	49.1
	昌图	9#	68	22642	52.0
	小计		204	67036	153.8
TJ-3 标	四平	10#	64	22381	51.4
	公主岭	11#	66	22858	52.5
	长春	12#	60	18418	42.3
	德惠	13#	60	20443	46.9
	扶余	14#	60	21000	48.2
	双城	15#	60	20820	47.8
	双城	16#	48	15230	35.0
	小计		418	141150	323.9
施工单位合计			1094	350494	804.4

附录二 轨道板制造冬季施工热工计算实例

根据调研，各预制场冬季施工拌和前水泥温度、保温棚内砂子温度能保持5 ℃左右，碎石温度保持在2 ℃左右。如果要保证混凝土入模温度在14 ℃左右，经热工计算，拌和用水的温度应在70 ℃左右。混凝土冬季施工时热工计算实际算例如下：

$T_0=[0.92(M_{ce}T_{ce}+M_{sa}T_{sa}+M_gT_g)+4.2T_w(M_w\text{-}W_{sa}M_{sa}\text{-}W_gM_g)+C_1(W_{sa}M_{sa}T_{sa}+W_gM_gT_g)\text{-}C_2(W_{sa}M_{sa}+W_gM_g)]\div[4.2M_w+0.9(M_{ce}+M_{sa}+M_g)]$

式中 T_0——混凝土拌和物出机温度，℃，取值15；

M_w——水用量，kg，取值133；

T_w——水的温度，℃；

M_{ce}——水泥用量，kg，取值449；

T_{ce}——水泥温度，℃，取值5；

M_{sa}——砂子用量，kg，取值674；

T_{sa}——砂子温度，℃，取值5；

M_g——石子用量，kg，5～10mm石子385kg，10～20mm石子715kg；

T_g——石子温度，℃，取值2；

W_{sa}——砂子含水率，%，取值为3%；

W_g——石子含水率，%，5～10mm石子取2%，10～20mm石子取0；

C_1——水的比热容，kJ/kg·℃，取值为4.2；

C_2——冰的熔解热，kJ/kg，取值为0。

将以上取值代入公式得，

$15=[0.92\times(449\times5+674\times5+1100\times2)+4.2\times T_w(133\text{-}674\times3\%\text{-}385\times2\%)+4.2\times(674\times3\%\times5+1100\times2\%\times0)]\div[(4.2\times133)+0.9\times(449+674+1100)]$

$$15=(7884.6+441.336\ T_w)\div2559.3$$

$$T_w=69.1\ ℃$$

根据以上计算，以及根据砂石料的热学性质，控制热水温度70 ℃±5 ℃左右为最佳。

在混凝土拌和物温度15 ℃的情况下，混凝土出机温度

$$T_1=T_0-0.16(T_0-T_i)$$

式中 T_1——混凝土出机温度；

T_0——混凝土拌和物温度；

T_i——搅拌楼环境温度，取厂房内温度，以10 ℃计。

$$T_1=15-0.16\times(15-10)=14.2\ ℃$$

混凝土入模温度：$T_2=T_1-(at_1+0.032n)(T_1-T_a)$

式中　T_2——入模温度；

T_1——混凝土出机温度；

t_1——运输及等候时间(0.1h)；

n——混凝土转运次数(1 次，料斗至入模)；

T_a——混凝土运输时的环境温度；

a——温度损失系数 0.5。

$$T_2 = 14.2-(0.5\times0.1+0.032\times1)(14.2-10) = 13.85℃$$

入模温度能满足混凝土施工的要求。

附录三 哈大客专典型轨道板预制场平面布置图

(一)哈大客专9号轨道板预制场平面布置图

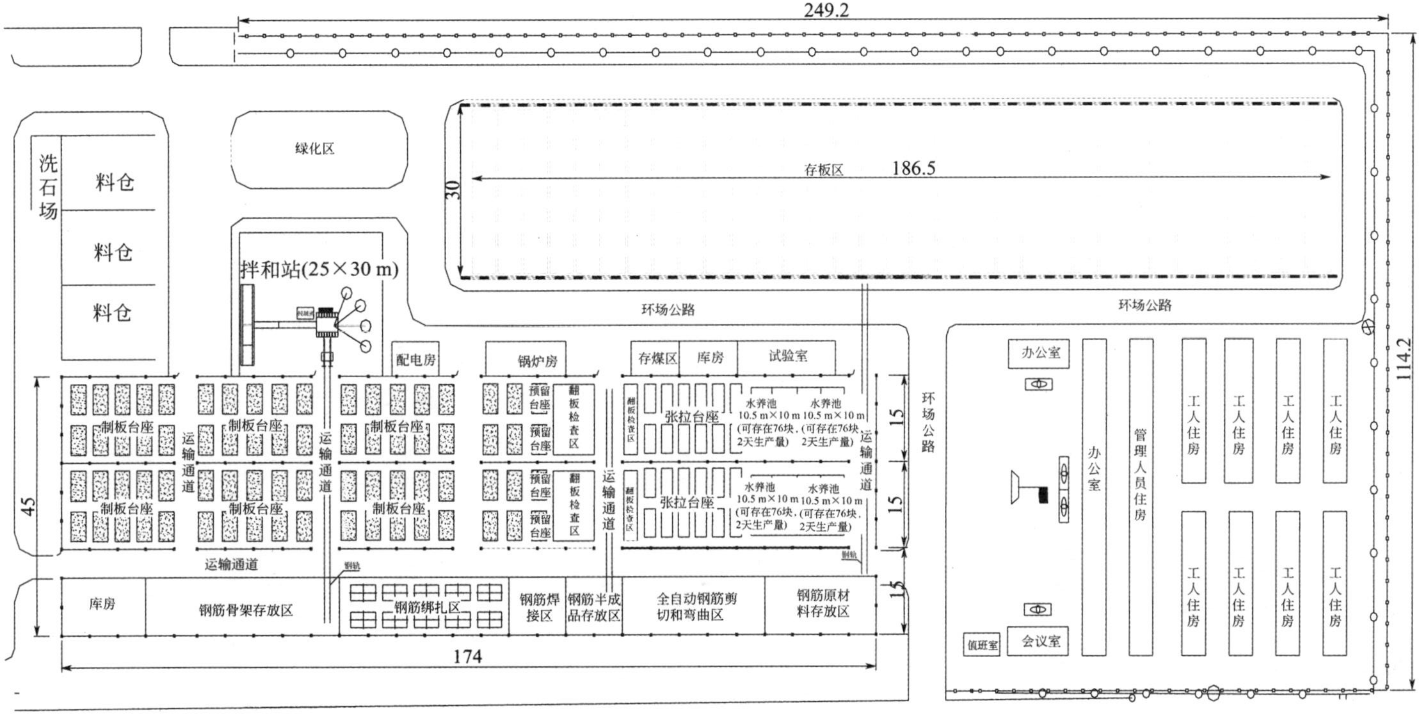

附图1 哈大客专9号轨道板场平面布置图(单位:mm)

（三）哈大客专 12 号轨道板预制场平面布置图

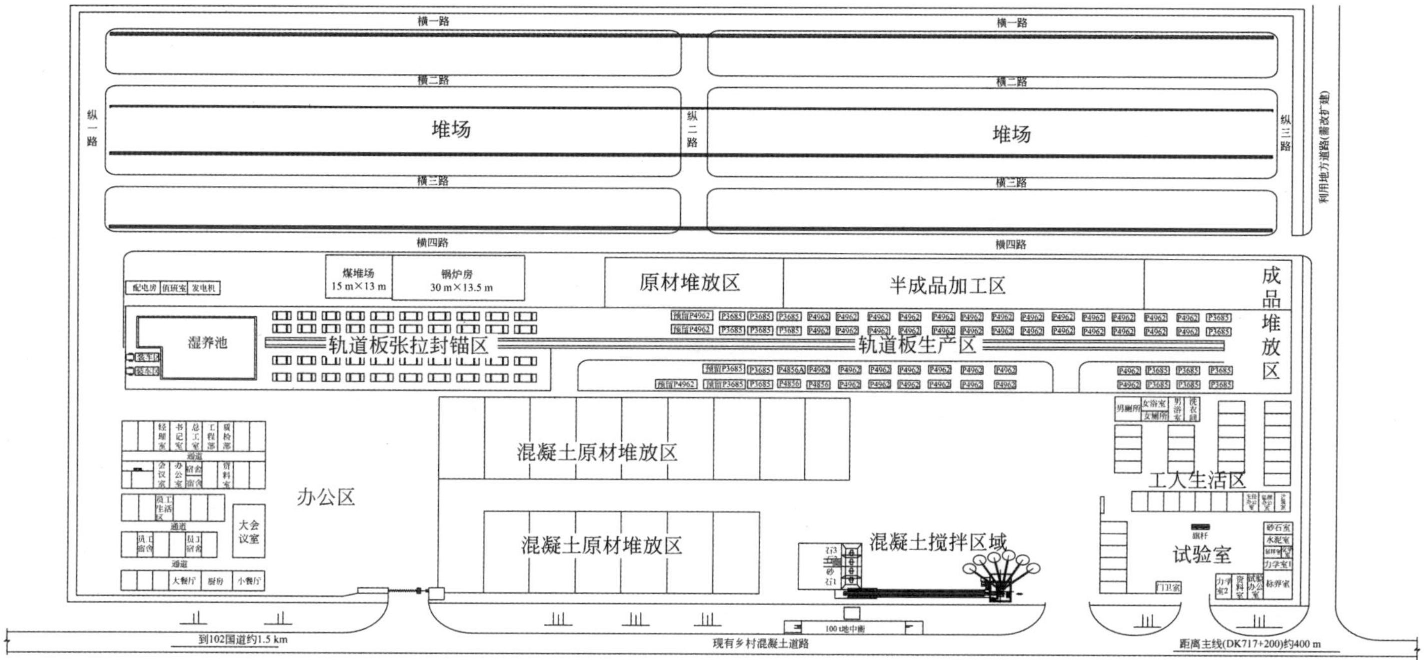

附图 3　哈大客专 12 号轨道板场平面布置图